La vida es sueño

Letras Hispánicas

Pedro Calderón de la Barca

La vida es sueño

Edición de Ciriaco Morón

TRIGESIMOCUARTA EDICIÓN

CÁTEDRA

LETRAS HISPÁNICAS

1.ª edición, 1977
34.ª edición, 2012

Ilustración de cubierta: Manuel Cerezales

©Ediciones Cátedra (Grupo Anaya, S. A.), 1977, 2012
Juan Ignacio Luca de Tena, 15. 28027 Madrid
Depósito legal: B. 41.995-2011
ISBN: 978-84-376-0092-5
Maquetación: Grupo Anaya
Printed in Spain
Impreso en Novoprint, S. A.
(Barcelona)

Índice

Introducción

*A la memoria de Giovanni Allegra
(1936-1989)*

CALDERÓN: BIOGRAFÍA

Calderón nació en Madrid el 17 de enero de 1600. Su padre, don Diego Calderón, era de familia hidalga, pero tenía un oficio inadecuado con relación a su ascendencia: escribano del Consejo de Hacienda del rey. En 1635, cuando Calderón tenga que probar su nobleza para vestir el hábito de Santiago, el oficio del padre será un obstáculo y necesitará una dispensa especial del Papa; con ella puede recibir el honor que estaba en litigio[1].

En 1601 el padre tuvo que trasladarse a Valladolid con la Corte de Felipe III. Pedro, su madre y hermanos quedaron algún tiempo en Madrid, teniendo que empeñar la mejor ropa y algunas joyas para subsistir.

Después de las primeras letras, Calderón estudió humanidades en el Colegio de los jesuitas. En 1610 murió su madre de sobreparto de una niña que tampoco se logró. Al morir la madre se produjo una desbandada en la familia: Diego, hermano mayor, que apenas contaba catorce años, marchó a México; Dorotea, de doce, ingresa en el monasterio de Santa Clara la Real de Toledo; Antonia, niña menor, queda bajo el

---

[1] Las sutilezas sobre el oficio son conmovedoras: el testigo Andrés de Prado y Mármol «preguntado en qué opinión tiene la ocupación de escribano de cámara, dijo que siempre lo ha visto tener a personas muy honradas, y así le tiene por oficio y ocupación honrada, y ha visto que se han despachado algunos hábitos para algunos escribanos de cámara y para hijos suyos porque no son ni es necesario que sean escribanos reales, sino tan solamente que el Consejo los admita, y así están estos oficios en diferente y mayor estimación que los de escribanos» (Pérez Pastor, págs. 103-104). La dispensa del Papa, en págs. 108-110 (cfr. Bibliografía).

cuidado de su abuela materna. Pedro y José continuaron en casa de su padre.

En 1614 Pedro se matriculó en la Facultad de Artes de la Universidad de Alcalá; en ese año había contraído su padre un segundo matrimonio y al siguiente, 1615, murió el padre todavía en relativa juventud, dejando a los hijos en pleito con la madrastra y en poder de un tío que les puso en cuenta hasta la cena del día en que murió su padre.

A partir de diciembre de 1615, Calderón estudia cánones en la Universidad de Salamanca, aunque parece que el curso 1616-1617 lo pasó en Madrid, graduándose en 1620. La casuística de sus obras, las sutiles distinciones entre acciones causadas y acciones permitidas, efectos directos y efectos indirectos de los actos, prueban más familiaridad con el derecho que con la teología propiamente dicha. Incluso temas que hoy consideramos teológicos, como el libre albedrío, eran capítulo fundamental de los estudios jurídicos, ya que el derecho, ley positiva, se estudiaba como subordinado a dos leyes más: la ley natural y la ley eterna, ambas estudiadas en la teología.

De su período salmantino se conservan varias poesías amatorias; en 1620 concurre con un soneto a las fiestas de la beatificación de San Isidro, patrón de Madrid. A partir de entonces aparece con colaboraciones poéticas en libros misceláneos, y entra en el mundo del teatro.

En 1621 hay un suceso que plantea interrogantes en la vida literaria de nuestro autor: se culpó a los hermanos Calderón de haber dado muerte a un criado del duque de Frías y condestable de Castilla, y los hermanos se refugiaron en la casa del embajador de Alemania[2]. ¿Tuvo algún contacto Calderón con el teatro alemán? ¿Oiría, por lo menos, mencionar el *Somnium vitae humanae* (1605) de Ludovicus Hollonius? La obra —escrita en alemán a pesar del título latino— dramatiza la fábula del borracho súbitamente convertido

---

[2] DON JUAN: Si pretendo que me guarde
Iglesia o embajador,
es darme luego por parte
y culparme yo a mí mismo

(Bien vengas, mal, I, escena 11, BAE, 14, 313b).

en duque de Borgoña y restituido luego a su estado. Hollonius dice haberla tomado de Vives. Una comparación de la comedia del alemán con la tragicomedia española prueba que Calderón no se dejó influir por ella en el caso de que hubiera tenido alguna noticia de esa obra. Sin embargo, es interesante señalar estos hilos, porque levantan campos de investigación no explorados: las relaciones culturales hispanoalemanas en aquel período, tema tan mal conocido. Es imposible que unas relaciones políticas tan íntimas y ricas no fueran acompañadas de un intercambio cultural interesante.

Lo mismo pasa con las relaciones hispanoinglesas. El corazón de la literatura inglesa, *Hamlet*, basa la intriga del espionaje y los personajes de Rosencrantz y Guildenstern en el libro de un español desterrado: *Artes de la inquisición española*, de Reinaldo González Montano. Aquel pobre español que tuvo que abandonar Sevilla por la ciudad de la niebla, fue inmortalizado por Shakespeare en el «pequeño inquisidor» Reynaldo de *Hamlet*. ¿Conoció Calderón algo de Shakespeare? ¿Tuvo algún significado cultural la estancia en España en 1623 del príncipe Carlos de Inglaterra?

En ese año nuestro autor escribe *Amor, honor y poder* cuyo argumento se basa en la historia inglesa. Calderón, servidor del duque de Frías y con el propósito de escribir comedia y poesía, estaría muy alerta en los festejos que se hicieron al príncipe durante su estancia en Madrid.

A partir de este momenta lo más interesante de la vida de nuestro autor es su obra. Sirve a varios señores, recibe el hábito de Santiago, lucha en Cataluña en 1641 hasta que se le concede la licencia el 15 de noviembre de 1642.

Se ordenó sacerdote en 1651. Después de unos años de residencia en Toledo como prebendado en la capilla de Reyes Nuevos, se instala en Madrid en el otoño de 1656 y vive en la Corte viendo crecer su prestigio de dramaturgo, hasta su muerte en el 25 de mayo de 1681.

En su testamento alude a «dos estantes» de libros. Entre ellos merece mención el *Theatrum vitae humanae*, que Calderón lega a fray Alonso de Cañizares, franciscano, predicador de Su Majestad. Se refiere a la obra de Lorenzo Beyerlinck, en ocho volúmenes, publicada en Amberes, 1631, que es una mina de anécdotas e historias. A Calderón, parece, le obsesionaba la concepción de la vida como teatro, sombra y sueño.

I. *El grupo de la torre (I, 1-4)*[3]

Las cuatro primeras escenas de nuestra obra presentan la llegada de Rosaura y Clarín a Polonia, el encuentro con Segismundo y el descubrimiento de su hija por parte de Clotaldo. Estas escenas son muy ricas en reverberaciones filosóficas y teológicas. El primer encuentro y aparición de los personajes los define para el resto de la obra; por eso Calderón puso en las primeras escenas una serie de alusiones que el lector debe recordar en la lectura consiguiente, cuando la comedia se simplifica y se concentra en el desarrollo de su argumento.

Rosaura se presenta cayendo de una montaña. Llega a Polonia herida. Hay un recuerdo indiscutible del nacimiento del hombre en pecado original; pero estamos en una comedia: es sólo un leve recuerdo.

Rosaura es el alma que viene arrojada de un caballo; el caballo es el cuerpo humano y la parte sensitiva del alma con la cual se debate la razón.

Rosaura es Eva y se encuentra con Segismundo, que es en lo esencial un príncipe injustamente apresado, coma se verá después, pero que es en la mente de Calderón y de su primer auditorio un primer hombre, Adán, del cual dice el *Génesis:* «Y puso Adán nombre a toda bestia y ave de los cielos y a todo animal del campo: mas para Adán no halló ayuda que estuviese idónea para él» *(Génesis,* 2, 20). Este poder que tiene la mujer de alegrar el corazón del varón se pone de relieve en *La vida es sueño* lo mismo que en el *Génesis:* en contraposición precisa-

---

[3] El número romano se refiere a la jornada o acto y el arábigo, a la escena, tal como dividió la obra Hartzenbusch en BAE, vol. 7, págs. 1-19.

mente de las satisfacciones derivadas de la contemplación de los animales, las aves y los astros (vv. 212-222).

La mujer, sin embargo, no aparece exclusivamente con el tono del *Génesis*. Calderón vive en un mundo escolástico en el cual toda la verdad de los paganos ha sido vista como robo de la verdad cristiana y, por consiguiente, como verdad originalmente cristiana. Por eso es fácil percibir en el encuentro de Rosaura y Segismundo la visión platónica de la mujer. Rosaura tiene, sobre todo, el poder civilizador de la belleza. Segismundo no sabe todavía que Rosaura es mujer; pero no importa: la belleza masculina también domestica[4]. La actitud contradictoria de Segismundo frente a Rosaura desde este primer encuentro hasta el último, ejemplifica la paradoja de la belleza platónica: «enciende el corazón y lo refrena».

Las referencias al mundo griego no se limitan al platonismo. Rosaura se presenta como una amazona, sobre un hipogrifo, dispuesta a matar a un ingrato para restaurar su honor. Mujer y soldado, ella es tan contradictoria como el animal mitológico que la transportaba, y coma la «fiera de los hombres» con que se encuentra. Segismundo es, por supuesto, un Prometeo encadenado, un titán dispuesto a luchar con los dioses. La primera escena de nuestra obra se sitúa, por tanto, en la atmósfera mítica de los héroes griegos.

Más reverberaciones aún: Rosaura y Clarín han dejado su tierra para venir a buscar aventuras; ama y criado son un Don Quijote y Sancho. La escena de Calderón contiene los

---

[4] El platonismo de *La vida es sueno* y de Calderón en general ha sido muy bien estudiado por A. Valbuena Briones *(Perspectiva crítica de los dramas de Calderón*, Madrid, Rialp, 1965, pág. 174). Sobre el poder de la belleza masculina, puede verse el siguiente texto referido a José, hijo de Jacob, en la cárcel de Egipto:

> La buena presencia es
> el sobrescrito primero
> de las cartas de favor,
> que escribe piadoso el cielo,
> encomendando a quien quiere
> que gane el primer afecto
> de los demás

(Sueños hay que verdad son, Autos Sacramentales, ed. A. Valbuena Prat, Madrid, Aguilar, 1967, pág. 1214a).

mismos elementos (torre, caballo, encuentro de hombre y mujer, amenaza de muerte y poder civilizador de la belleza) que un pasaje del *Filocolo* de Boccaccio, donde se narra la historia de Flores y Blancaflor[5].

La presencia de la literatura caballeresca explica las bellísimas tiradas de poesía cancioneril:

> Pero véate yo y muera,
> que no sé, rendido ya,
> si el verte muerte me da,
> el no verte qué me diera. (vv. 233-236)

Además de las reverberaciones bíblicas, griegas y caballerescas apuntadas, en la mente de Calderón parece obraba un libro concreto: el *Theatrum mundi* de Pierre Boaistuau, en el cual la vida humana se pinta como una tragedia, y en el que se recogen dichos de los filósofos antiguos sobre las miserias del hombre. La primera escena de *La vida es sueño* dramatiza la gestación y nacimiento del hombre; y el monólogo de Segismundo es el dolor de comprobar la inferioridad de esta criatura con respecto a los demás animales. Como el texto de Boaistuau no es fácilmente accesible, me parece útil citarlo extensamente:

«Continuando la lastimosa tragedia (folio 45) de la vida humana, començando por el principio y origen y generación, y luego discurriendo por todas las edades, y particularidades de su vida, hasta llegarle a enterrar y meterle en la sepultura, fin y paradero de todas las cosas. Ponderemos primero de qué simiente se engendra. ¿Es por ventura otra cosa sino una suziedad y corrupción? ¿Y el lugar donde naze, qué es sino una suzia, y hedionda cárcel? Quanto tiempo esta en

---

[5] «Calderón es el primer gran dramaturgo del siglo XVII que destaca el valor de Cervantes» (A. Valbuena Briones, introducción a *Comedias de capa y espada*, Colección Clásicos Castellanos, Madrid, Espasa-Calpe, 1962, pág. 58). Para más orientación sobre Cervantes y Calderón, cfr. L. Rius, *Bibliografía crítica de las obras de M. de Cervantes Saavedra*, Villanueva y Geltrú, 1904, III, págs. 8-10. G. T. Northup, introducción a *La selva confusa*, *Revue Hispanique*, 21 (1909), pág. 177. Cfr. el artículo de Alberto Sánchez (cfr. Bibliografía). Boccaccio, *Filocolo*, libro IV, secciones 91-95.

el vientre de su madre que no tiene otro parecer, sino el de un pedaço de carne momia sin sentido ni ser. Desta manera se engendra el hombre cuando la madre ha recibido en sí, y guardado aquellas dos simientes y calentándolas con el calor natural se engendra y concrea, al rededor de aquellas dos simientes una pellejica, que casi parece a la que hallays en quebrando la cáscara de un uevo asado, por manera que más parece huevo abortado que otra cosa» (folio 45v.).

«Y después de mucho tiempo aver comido y sustentádose de aquella ponçoña, y que está bien formado y de razonable cuerpo y grandeza, teniendo ya necessidad de más comer, y no podiendo por el ombligo tirar tanto mantenimiento como ha menester para sustentarse, buelvese con gran ímpetu y por buscar de comer haze de tripas coraçon, y andando de aquí para allí rompe todas aquellas pannículas, embolturas y pellejicas y mantillas de cuero en que ha estado embuelto hasta entonces. Mas no pudiendo la madre sufrir el daño que desto le viene, no le quiere más suffrir ni tener en casa, y assí procura echarle fuera abriéndose toda y por esta abertura la criatura, en sintiendo el ayre, procura salir tras él y revolviéndose hazia la boca de la madre, sale a la luz deste mundo, no sin grandes dolores, empuxones, y con hartos estribones de la pobre madre, y con lo menor trabajo y daño de su delicado cuerpezuelo» (folio 48).

«Por manera que si atentamente consideramos la gran miseria de nuestro nascimiento hallaremos muy verdadero el antiguo refrán y proverbio, que dize que nos conciben nuestras madres en suziedad y hediondez, paren con dolor y tristeza, crian y sustentan con gran trabajo y cuidado. Este es pues el primer acto y entremés de la tragedia de nuestra vida humana» (folio 50).

«Qual es el primer cantar que canta el hombre (folio 50v.) en entrando en este mundo? Lágrimas, sospiros, solloços y gemidos, mensajeros ciertos; agüeros y descubridores de las miserias que sabe le han de sobrevenir, las quales no pudiendo exprimir con palabras da a entender con boces y gritos. No cantan otro cantar los monarchas, reyes, príncipes y emperadores, y todos los grandes señores que hazen tragedias, rebuelbenlo de abaxo arriba y hazen del cielo cebollas en este mundo. El más pequeño gusano que cria naturaleza sabe en nasciendo andar, buscar de comer y todo lo de más necessario para su bivir. El pollito en saliendo del casco se halla libre, y desembaraçado no tiene necessidad que le laven y limpien como al hombre, luego corre tras la madre, entiende quando le llama, comienza a picar y comer, huye y teme al milano sin aver dél recibido mal ni daño, por solo instinto natural se aparta del peligro. Mas mirad y contemplad al hombre acabado de nacer, pareceraos un hediondo monstruo, un pedaço de carne, que se la comerá cualquiera de los otros animales sin poderse defender ni valer» (folio 51).

Ahora bien, en la España de 1635 todo elemento de saber antiguo, sea griego sea de la Biblia, se ve y maneja con categorías escolásticas. Séneca se funde con Aristóteles; Aristóteles no será leído en su orbe griego, sino en la refundición de Santo Tomás; y el contenido bíblico se expresará también en odres escolásticos. Habían pasado los tiempos en que Fray Luis de León podía luchar por la lectura de la Biblia en hebreo. Al Padre Mariana se le prohibió expresamente leer en esa lengua[6]. Todas las reverberaciones señaladas en la primera escena de *La vida es sueño* se concentran en una palabra: *violento*. El hipogrifo violento del primer verso no es simplemente salvaje; «violento» en Calderón tiene el sentido técnico de la escolástica: algo que contradice la naturaleza de una cosa; el hipogrifo es violento porque se compone de dos esencias distintas, cosa contradictoria. Rosaura es un ser violento porque, siendo mujer, viene vestida de hombre, tiene ánimo viril y, como se muestra en la escena décima del acto tercero (vv. 2690 y ss.), actúa como mujer y como varón a la vez. Segismundo es un ser violento, es decir, compuesto de dos naturalezas: hombre por su nacimiento, y fiera porque no ha sido educado como hombre ni como príncipe. La grandeza de alma que le viene por ser hijo de rey, ha sido de-

---

[6] Así lo dice el padre Rivadeneira; pero sería un castigo personal impuesto por el superior. Precisamente de 1636 es el siguiente testimonio: «El duque de Medinaceli estudia valientemente la lengua hebrea, teniendo en su casa un rabí para este efecto, y ha hecho tan grandes progresos, que ya sabe leer sin puntos», *La corte y monarquía de España en los años 1636 y 1637*, A. Rodríguez Villa (ed.), Madrid, 1886, pág. 38.

jada a la pasión porque el príncipe no ha sido educado como tal: otra contradicción.

Toda la estructura de la comedia se resume en la lucha por presentar distintos aspectos de la violencia en torno a dos focos: una mujer noble sin honor, y un futuro rey sin la debida educación. Esa violencia primaria conduce a muertes y guerras hasta que la última batalla la gana quien la debe ganar: el heredero legítimo del reino; entonces las contradicciones se resuelven en armonía final: Rosaura se casa con Astolfo, y el príncipe, ya educado por la gran verdad de que la vida es sueño, falla su primer juicio dando mercedes a los leales y apresando al traidor. En ese momento exclaman todos:

> BASILIO. Tu ingenio a todos admira.
> ASTOLFO. ¡Qué condición tan mudada!
> ROSAURA. ¡Qué discreto y qué prudente! (vv. 3302-3304)

La vida es sueño es la dramatización de ese paso de la violencia a la prudencia, entendidos ambos términos en sentido escolástico.

Pero en el paso precisamente consiste la obra de teatro, la comedia. Todas las reverberaciones estudiadas prueban la riqueza de la mente calderoniana. Empobreceríamos la obra si no pusiéramos de relieve esos elementos teatrales y la redujéramos a la pura tesis filosófica o teológica. En este sentido, conviene olvidar el auto sacramental *La vida es sueño* para estudiar la comedia. Todas las ideas y alusiones de la comedia se funden maravillosamente en la unidad poética de los extraordinarios versos, y en la intriga dramática de un bello joven que resulta ser mujer; que, amenazado de muerte por la fuerza bruta y por la ley, de pronto encuentra a su padre y se encuentra dama de una princesa en palacio.

La historia de Rosaura se funde con la de Segismundo, porque la situación de los dos es igualmente contradictoria; los dos son víctimas de una injusticia inicial: el abandono por parte de los padres; la una viene privada de su honor, y el otro privado de sus derechos al trono. En la estructura de *La vida es sueño* lo primario no es que haya dos historias: la de Segismundo y la de Rosaura, sino dos grupos de personas:

21

los verdugos y las víctimas. Los conflictos dramáticos surgen del encuentro entre esos dos grupos.

II. *El grupo de palacio (I, 5-6)*

El personaje principal de palacio es, naturalmente, el rey Basilio, que ya se rinde al común desdén del tiempo. Desde que Calderón escribió *La vida es sueño* (1635) hasta hoy han cambiado algunos valores; pero pocos han cambiado más que la actitud de la sociedad ante la ciencia. Para nosotros el que un rey se dedique a la astronomía —a la astronomía coma ciencia seria— no parece contener misterio alguno; para Calderón y su público un rey científico es un rey absurdo, tan «violento» y contradictorio como una mujer-varón o un hombre-fiera.

Para nosotros Basilio viejo es un rey venerable que ha pretendido librar a su pueblo de un tirano; para Calderón y su público, Basilio es un muñeco que se ha distraído de su auténtica obligación de gobernar, un padre tirano que ha matado a su hijo en el momento de nacer, y un rey tirano que ha privado al pueblo de su príncipe legítimo. La vejez física del rey contrasta precisamente con su adolescencia mental; porque si la vejez se supone que da prudencia, Basilio ha demostrado no tenerla en nada.

El largo monólogo (escena 6) comienza pintándole como una parodia de Alejandro Magno: «el gran Basilio» pintado por Timantes y esculpido por Lisipo como Alejandro. Pero los versos siguientes, para el auditorio de 1635 están en violenta contradicción con la imagen del macedonio: «[...] son las ciencias / que más curso y más estimo, / matemáticas sutiles» (vv. 612-614). De los escritos contemporáneos sobre política podemos recordar el tópico del pobre Alfonso X «el Sabio» (1252-1284), despreciado por los tratadistas por haberse dedicado a oficios indignos de un rey. Gracián puede servir como botón de muestra de ese desdén por los reyes matemáticos: «Las virtudes del oficio tenía el Magnánimo de los Alfonsos (rey de Aragón y Nápoles, 1416-1458) por las primeras en la solicitud, así como en el aprecio. ¿Qué importa que sea el otro Alfonso X gran matemático, si aún no es mediano político? Presumió corregir la fábrica del universo el que estuvo a pique de perder su reino»[7].

Pero nadie es tan explícito y duro como el Padre Mariana: «Deseamos que se haga religioso el príncipe, mas no queremos tampoco que, engañado por falsas apariencias, menoscabe su majestad con supersticiones de viejas, indagando los sucesos futuros por medio de algún arte adivinatorio, si arte puede llamarse, y no mejor juguete de hombres vanos.» Y unas páginas más adelante: «Oh dulcísimo príncipe... evita toda clase de superstición, ten por futilísima y vana toda arte que pretenda aprovecharse del conocimiento del cielo para indagar lo futuro, no emplees nunca en la ociosidad ni en la contemplación el tiempo debido a los negocios»[8].

Leído el monólogo de Basilio desde este fondo de ideas, es claro que ni Calderón intentaba pintar un rey verdaderamente sabio, ni el público receptor de la obra le tomaba por tal. La contemplación de que habla Mariana se opone al verdadero saber no sólo del rey, sino de todo hombre; la inteligencia en su nivel más alto es capacidad de ver realidad y decidir sobre ella creando nuevas estructuras. Cuanto no sea eso, es una inteligencia débil que recoge anécdotas, compara libros, y consuela su timidez en el gabinete de trabajo. Mariana no está repudiando la ciencia y la vida intelectual, sino el nivel de la inteligencia tímida e inactiva. Gracián lo dice con su acostumbrada genialidad: «No es saber aquel de quien degeneran los efectos. Son las obras prueba real del buen discurso. Política inútil la que se revolvió toda en fantásticas sutilezas; y, comúnmente, cuantos afectaron artificio, fueron reyes de mucha quimera y de ningún provecho»[9].

Para Calderón, Basilio es incluso imprudente en su modo de leer el mensaje de las estrellas. Un saber que ya de por sí

---

[7] B. Gracián, *El político* (cfr. Bibliografía), pág. 49b.

[8] *Del rey y la institución real*, libro II, cap. 14, BAE, 31, págs. 528b y 531.

[9] B. Gracián, *El político*, ed. cit., pág. 55a. Cfr. Ciriaco Morón Arroyo, *Nuevas meditaciones del Quijote*, I, Madrid, Gredos, 1976. Francisco Ayala considera a Basilio como prototipo del intelectual. En un concepto serio de intelectual, Basilio ejemplifica más bien el saber de esclavo, no la verdadera inteligencia, cfr. Francisco Ayala, «Porque no sepas que sé», y M. Durán y R. González, *Calderón y la crítica*, II, Madrid, Gredos, 1976, págs. 662-666.

es inseguro, Basilio lo lee «veloz» (v. 640), es decir, no se detiene a pensar con prudencia como debiera. Después de describir el nacimiento de Segismundo que causa la muerte de su madre, el rey reconoce que se ha dejado llevar por el amor propio al creer en los astros.

La solución que propone para salir de su pecado es una solución digna del curioso impertinente de Cervantes[10]. ¿Cómo puede poner al frente del gobierno a un príncipe sin educar? ¿En qué cabeza sana cabe que pueda gobernar bien quien no ha sido educado? Todos estos pasajes y razonamientos del rey no hacían sino presentarle como ridículo a los ojos del auditorio de Calderón.

Esta semblanza de Basilio nos prohíbe aceptar la idea de Krenkel, difundida después por Farinelli y otros, según la cual Basilio sería una figura trágica, víctima de un hado que se cumple a pesar de todos los medios que él ha puesto para vencerlo con la mejor voluntad de ahorrarle al pueblo un rey tirano. En efecto, como Basilio comprueba al fin de la obra, los hados se han cumplido en parte. El reino se ha visto bañado en sangre, y él se ha visto a los pies de su hijo. Aquí, sin embargo, hemos de recordar una pequeña sutileza escolástica, que no ha sido apuntada por los comentaristas; a Basilio se le habían revelado unos hechos: que el reino se vería ensangrentado, y que él se había de ver a los pies del hijo; de esos hechos él dedujo que Segismundo había de ser el príncipe más tirano que se había de conocer, y para evitar que reinase le encerró en una torre.

Lo que no se le reveló al rey es que ese *efecto* procedería de una causa y que esa causa iba a ser precisamente la falta de educación de Segismundo, la negligencia de Basilio en sus deberes de rey y de padre. Basilio, en su costumbre de inferir con demasiada rapidez, al ver el efecto, concluyó que la causa y el culpable había de ser Segismundo; nunca se le ocurrió que el culpable podía ser él si no daba al hijo la educación a la que tenía derecho.

---

[10] Basilio reconoce en un momento que se ha rebozado —cosa indigna de la gravedad de un rey— por la «necia curiosidad» (v. 2050).

Entre el efecto conocido y la causa ignorada se inserta la culpa de Basilio. Segismundo se lo dice al final, el público sabe y el padre reconoce que él se ha preparado su propia caída con una imprudencia culpable.

Astolfo y Estrella. Astolfo y Estrella no tienen carácter propiamente dicho; son un príncipe y una princesa de comedia barroca: sin ignorar su función secundaria en el drama, su papel es más bien el papel de los bellísimos versos de que traen lleno su pecho. Prescindiendo de su carácter de príncipes, son ante todo el galán y la dama exigidos por la estructura del género comedia en que está escribiendo Calderón. Astolfo viene de Moscovia; la princesa no sabemos de dónde viene; Basilio la saluda como si no la hubiera visto en largo tiempo y como si el encuentro fuera el primero después de un largo viaje. Pero lo importante es que estos dos príncipes, él con ejército de soldados y ella con ejército de damas, se juntan en el escenario a caracterizar con versos apasionados al galán y con versos lentos y moderados a la hermosa doncella enamorada.

El galán Astolfo es un príncipe valiente, se cubre en la corte como un grande de España; se ha desposado con Rosaura, pero no se siente obligado a cumplir su palabra, porque ella «no sabe quién es», es decir, no conoce padre. Cuando se descubre que es hija de Clotaldo, se casa con ella.

Como fuerza de cohesión entre los dos grupos aparece Clotaldo (escenas 4 y 7). Si su hija es digna de casarse con el príncipe de Moscovia, debe pertenecer a la más alta nobleza; en ningún sitio, sin embargo, se le da título. Clotaldo, además, no debe ser originariamente polaco sino moscovita, pues allí, ya en edad madura, tuvo con una noble mucho más joven a esta hija que ahora le causa tantos desvelos.

No tendría sentido seguir describiendo a este Clotaldo lleno también de contradicciones: un educador de un hijo abandonado que tiene a su propia hija olvidada; un hombre ya muy viejo que tiene una hija muy joven; una especie de valido del rey que vive fuera de la Corte —en la torre con Segismundo durante varios años— y que debe de ser extranjero.

De nuevo, lo importante es señalar cómo en Calderón actuaban dos fuerzas: los requisitos de su historia y los requisitos de su género literario. Clotaldo es leal servidor de su rey como noble. No tíene título específico; pero lo que sí aparece claro en la comedia es que es «el viejo». Tiene la garrulería, la retórica, la seguridad del viejo de comedia; y, al mismo tiempo, una bondad y buena intención que le hacen siempre simpático. Menos caracterizado, pero semejante en algunos rasgos al Polonius de *Hamlet* (1604).

III. *Segismundo en palacio (II-III)*

La estratagema de Basilio es indigna de un rey y atestigua una vez más la bajeza de ánimo de un hombre que limita su inteligencia a la astronomía. El último testimonio de la misma bajeza es su aparición embozado en la escena dieciocho del acto segundo. Un rey no debe menoscabar su dignidad con rebozos. En los vv. 1150 y 1151, Clotaldo le advierte al rey que la estratagema no es acertada: «Razones no me faltaran / para probar que no aciertas, / mas ya no tiene remedio».

Del monte a palacio. La interpretación más aceptada hoy acentúa el contraste entre los dos escenarios donde se realizan las acciones y se dibuja el carácter de Segismundo. El monte sería el escenario de la pasión y el palacio el de la civilización, la razón y el orden. A la diferencia de medio correspondería un Segismundo fiera y hombre, respectivamente. Pero este marco de contrastes, aunque es plausible para la imaginación, no logra explicar el texto de Calderón[11].

El príncipe en la torre, aunque se llama fiera de los hombres y aunque ese calificativo se repite varias veces, no es una fiera ni es un juguete de sus pasiones. Ha estudiado incluso artes liberales, de forma que no le falta ni siquiera cierta educación de la que reciben los hombres generalmente. En

---

[11] Angel L. Cilveti ha señalado con gran acierto el papel de la razón y la reflexión en toda la obra, incluidas las primeras escenas, cfr. A. L. Cilveti, *El significado de «La vida es sueño»*, Valencia, Albatros, 1971, pág. 84.

cambio, le falta absolutamente la educación como príncipe: «las virtudes del oficio» (Gracián). Segismundo es fiera por ser contradictorio: hombre (nacido libre) preso sin culpa desde el nacimiento y heredero legítimo de un reino, que no es educado entre hombres y cortesanos. Segismundo está pintado según la dualidad escolástica *natura/ars*. Tiene la grandeza de alma propia de un príncipe, incluso la fortaleza física de quien debe ostentar su belleza en el campo de batalla. Como tiene sangre real, cuando se habla de grandezas reales se levantan los espíritus dentro de él. Segismundo en la torre es una naturaleza sin la educación adecuada.

Cuando viene a palacio su razón funciona en las discusiones como una cuchilla. Parece conocer todas las sutilezas posibles sobre los derechos del príncipe heredero; de ahí su acusación a Clotaldo:

> Traidor fuiste con la ley,
> lisonjero con el rey,
> y cruel conmigo fuiste (vv. 1305-1307)

En esta discusión, por un momento Calderón no sabe dónde se ha metido. Segismundo dice:

> En lo que no es justa ley
> no ha de obedecer al rey,
> y su príncipe era yo.
> (CRIADO) 2.º Él no debió examinar
> si era bien hecho o mal hecho. (vv. 1321-1325)

Segismundo, desde una ética racional, está conjugando los derechos del noble y pueblo frente a la tiranía; en cambio, el cortesano le concede al rey poder absoluto, como también hacían muchos tratadistas del tiempo. Calderón parece seguir la tesis de Segismundo; pero de hecho se aparta del tema. En este momento dejamos la discusión jurídica y volvemos al drama. El príncipe comienza a mostrarse de nuevo como pura naturaleza sin arte. Sólo le agrada Clarín porque le adula y divierte. Cuando viene Astolfo, Segismundo le saluda como «hombre» mientras Astolfo espera que se le salude como príncipe. Los Grandes de España tenían el privilegio de cubrirse la cabeza delante del rey. En los *Avisos* del tiempo se recogen los sufrimientos de muchos nobles esperando que el rey «les mandara cubrirse». Segismundo ignora todo eso que son convenciones del oficio. Cuando el «criado segundo» le molesta y Segismundo amenaza con tirarle por la ventana, el criado contesta muy seguro que con los hombres como él no puede hacerse (vv. 1425-1426). Naturalmente, a un gentilhombre de palacio no se le puede condenar sin mandato expreso del rey; y si por algún crimen merece ser condenado a muerte, ésta no se le puede dar por garrote como a un villano, o simplemente tirándole por la ventana.

Segismundo desconoce esas convenciones: para él, «poder» tiene la connotación primaria de fuerza física; prueba sus fuerzas, y logra tirarle. Tres veces en esta jornada segunda Calderón hace uso del aforismo escolástico *de facto ad posse valet illatio* (si alguien de hecho cae del balcón al mar, «vive Dios que pudo ser»); en los versos 1011 y siguientes, en el paso que estamos analizando (v. 1425) y en el verso 1638 cuando emplea el mismo razonamiento con Rosaura. En todos estos pasajes Segismundo se deja llevar de la pasión alternando con razonamientos irrefutables; pero falla siempre en el conocimiento de la legislación palaciega. Segismundo entiende las palabras en su significado prístino de comunicación entre hombres, no en las acepciones de los cortesanos.

En el diálogo con su padre (II, 6), repite las ideas elementales sobre los derechos del príncipe y la obligación de educar que el padre tiene. Aunque parece hablar con pasión, y en eso quizá muestra todavía su fiereza, de nuevo, sus razones podrían ser de Mariana, Suárez o Gracián. Desde el punto de vista literario esta escena debe leerse en conexión con la «escena de la alcoba» del acto tercero de *Hamlet*. La madre le dice a Hamlet que sus palabras le penetran como dagas en el pecho; y las palabras de Segismundo son verdaderas espadas en el pecho de Basilio; tanto, que el rey no tiene respuesta posible para ellas y, todavía cegado por su amor propio, las considera desvaríos de un bárbaro mal inclinado por los astros. En el verso 1318 le ha mencionado a Segismundo la posibilidad de que esté soñando; en ese momento el príncipe no responde. Ahora (v. 1530) se lo repite Basilio; a esta segunda mención del sueño, Segismundo contesta con un criterio que le permite diferenciar el sueño de la vigilia; ese criterio, como veremos después, es la memoria. Pero lo importante es que a la mención del sueño surge una instancia de conversión: «sé que soy / un compuesto de hombre y fiera» (vv. 1546-1547).

La conversión de Segismundo. ¿Cuándo se convierte Segismundo? Se suele repetir que al despertar del sueño en la última escena del acto segundo. Sin embargo, como ha señalado Edward Wilson, la conversión de Segismundo se da ya en la primera escena de la obra y no se consuma hasta después de la batalla contra su padre. Durante toda la comedia lo que se dramatiza es la lucha entre el corazón encendido por la pasión y el freno de la razón y la prudencia. Puesta la cuestión en estos términos es aconsejable abandonar fórmulas como la «conversión de Segismundo». El príncipe no se convierte de ninguna religión o confesión a otra. Es hombre magnánimo con virtudes naturales desde el primer momento; sólo que los demás han faltado a la obligación de educarle.

En el primer encuentro con Rosaura el príncipe se siente avergonzado de que le hayan oído lamentarse y quiere lavar su honor matando a los intrusos. Pero una palabra de Rosaura le suaviza:

> [...] Si has nacido
> humano, baste postrarme
> a tus pies para librarme. (vv. 187-189)

Contra los que acentúan su condición de fiera en la torre, precisamente a la mención de la palabra «humano» el príncipe muestra que lo es. La primera fuerza en la educación de Segismundo, que va de la violencia del primer verso a la prudencia de los últimos, es la belleza[12].

---

[12] Esto ha sido muy bien acentuado en el artículo de M. F. Sciacca (M. Durán y R. González, II, ed. cit., págs. 540-562). Sin embargo, el artículo de Sciacca y el de J. D. García-Bacca (cfr. Bibliografía) aplican la filosofía de manera mecanicista a *La vida es sueño*. La distinción entre sentidos y entendimiento (platónica) o las ideas sobre el a priori en relación con la experiencia, no son relevantes para la inteligencia de nuestra obra. Algo mecanicista me parece también la inclusión de la obra en estructuras silogísticas, como hace Cilveti.

Sin embargo, el hombre no alcanza nunca la confirmación en gracia en esta vida —sólo algunos místicos defienden que se da la confirmación en casos excepcionales—; por eso vemos reaparecer la pasión en palacio, reforzada ahora por la razón del príncipe en la defensa de sus derechos, y por la tentación en que le pone la mujer cuando le dice que a ella «no se la puede» deshonrar.

Cuando le vuelven a dormir y despierta, es la terrible experiencia del cambio, de la brevedad de la dicha, lo que le mueve a las reflexiones del famoso monólogo con que termina el acto segundo. Si al principio le humanizaba una instancia platónica, la belleza, ahora le humaniza una instancia estoico-cristiana, la brevedad de las grandezas humanas. Pero la lucha contra la pasión no ha terminado. En el acto tercero, donde se dramatiza un levantamiento contra el rey, Calderón es deliberadamente ambiguo. Yo veo dos ejemplos de ambigüedad:

a) Al fin del acto segundo, el sueño y brevedad de las grandezas aconsejan que el hombre no se desviva por ellas; en la escena tercera del tercer acto (vv. 2356 y ss.), Segismundo emplea el argumento del sueño para lo contrario:

> pues que la vida es tan corta,
> soñemos, alma, soñemos
> otra vez; pero ha de ser
> con atención y consejo
> de que hemos de despertar
> deste gusto al mejor tiempo (vv. 2358-2363)

Todo ese monólogo de Segismundo parece traducción de Séneca[13]. La convicción de que la vida es sueño conduce simplemente a un cálculo para evitar el desengaño del despertar. Aunque esta idea valía como cristiana para Calderón y su mundo, el cálculo del príncipe nos parece un nivel moral inferior al que le concedíamos después del monólogo final del segundo acto.

---

[13] Citamos ejemplos de senequismo en varias notas al texto. La presencia de Séneca en Calderón ha sido muy bien vista en *Perspectiva crítica...* de Valbuena Briones, ed. cit., aunque necesita un estudio más exhaustivo.

b) Calderón mismo es ambiguo porque se encuentra en una encrucijada: él está convencido y quiere enseñar a su auditorio que jamás es lícito levantarse contra el rey; al mismo tiempo tiene que justificar el levantamiento del príncipe legítimo contra los que quieren dar el reino a su primo Astolfo. Nosotros vemos que el dilema es falso, porque si el príncipe podía ser tan racional en ciertas situaciones, con una conducta menos pasional le hubiera demostrado a Basilio que podía reinar; pero esto que nosotros sabemos no es útil para Calderón, que quiere comprimir mucha historia y muchas doctrinas en su obra y, sobre todo, castigar al rey por su negligencia como rey y como padre. Ante esta situación los razonamientos de la comedia zigzaguean entre lo injusto y lo lícito, la pasión y la razón. Es perfectamente legítimo que Segismundo libre a su pueblo de extrajera esclavitud (v. 2376); pero es pasión soberbia el que quiera ver a su padre debajo de sus plantas (v. 2382). Inmediatamente reacciona con un cálculo interesado:

> Mas si antes desto despierto,
> ¿no será bien no decirlo,
> supuesto que no he de hacerlo? (vv. 2383-2385)

Segismundo aquí no está convertido ni mucho menos. Él quiere poner a su padre debajo de sus plantas, pero ve que no es prudente decirlo, porque puede estar siendo juguete de su mismo padre. La lucha entre pasión y razón calculadora se repite en el diálogo con Clotaldo (III, 4).

Las escenas siguientes mantienen el tono senequista, no cristiano, en que la conducta del príncipe se va mejorando por prevenir el desengaño. Calderón parece esquivar la teología precisamente porque anda sobre ascuas en cuanto al levantamiento contra el rey. La última justificación que oímos de boca de Segismundo para derramar la sangre de los inocentes, es:

> ¡Vive Dios, que de su honra
> he de ser conquistador,
> antes que de mi corona! (vv. 2989-2991)

31

No dice que va a luchar por conquistar la honra de Rosaura, sino que huir él de la dama en este momento es la mejor forma de ampararla. Pero no cabe duda de que Calderón, en ese momento altamente dramático, está interesado en distraer al público del levantamiento contra el rey.

Al levantarse contra su padre, que todavía es el rey legítimo, Segismundo es el más pecador de todos los personajes de la comedia; por eso él mismo se postra a los pies del padre para que le mate; premia a Clotaldo por haber sido leal al rey, y encierra en la torre al que ha levantado al pueblo en su favor. Por supuesto, el pueblo que se levanta contra su rey es siempre el populacho bajo, los pobres y obreros que no producen más que dolor de cabeza a las gentes que viven cómodamente. El ejército de Segismundo se compone de «bandidos y plebeyos» (v. 2302), «vulgo soberbio y atrevido» (v. 2435). Al principio de la obra el término «libertad» es empleado con valor positivo; en este momento (v. 3043), «libertad» es la consigna de los rebeldes frente a la consigna de los leales. Libertad es aquí, para Calderón, sinónimo del libertinaje del vulgo. Las libertades sociales de la masa popular son inaceptables para Calderón, buen poeta cortesano[14].

Sólo en su monólogo último está Segismundo verdaderamente humanizado. A la humanización platónica por la belleza y a la senequista por la brevedad de la vida, se suma la cristiana, aunque muy débilmente. Nuestra obra es indudablemente cristiana, pero de un cristianismo escolástico que está más cerca de Aristóteles y Séneca que de la Biblia.

La vida es sueño es una obra muy rica en caracteres, acciones y alusiones ideológicas; por eso no debe estudiarse exclusivamente desde Segismundo. En definitiva, la humanización de Segismundo se podría presentar con argumento y situaciones diferentes. Pero, tomando la trayectoria del príncipe como una perspectiva legítima, aunque limitada, podemos decir que la humanización no es brusca, sino una cons-

---

[14] La idea de que sólo el vulgo bajo se levanta contra el rey legítimo no es exclusivamente calderoniana ni exclusivamente española. En *Hamlet* se habla tres veces del pueblo sedicioso y se le llama «lawles resolutes» (temerarios sin freno, I, 1, 98); «He's loved of the distracted multitude» (Es apreciado por el vulgo necio, IV, 3, 4); «The rabble call him lord» (La canalla le llama señor, IV, 5, 101).

tante lucha entre pasión y razón, naturaleza y arte, que comienza con el predominio de la primera y termina en el triunfo de la segunda. *La vida es sueño* es, en este sentido, un «regimiento de príncipes».

IV. *Clarín*

Las intervenciones del gracioso en la comedia española clásica deben aceptarse como un elemento de la teoría dramática del tiempo. No tiene sentido quejarnos hoy porque a nosotros nos gustaría más eliminar sus chistes y dejar un teatro serio. Clarín es criado, conformista; por eso puede ser traidor a cualquiera de sus amos; tiene un horizonte muy limitado: comer y servir sin comprometerse. Todo esto son rasgos generales del criado en la literatura clásica. Sólo Sancho Panza tiene más complejidad. Pero los graciosos de Calderón ofrecen con frecuencia un paralelismo cómico a la situación trágica del protagonista (léase *Luis Pérez el gallego)* o un paralelo trágico con respecto a la comedia de los señores. Éste es el papel de Clarín en *La vida es sueño*.

Paralelo con Rosaura. Clarín es el escudero de la caballería andante. Ya hemos señalado otros recuerdos del *Quijote* en nuestra obra. El gracioso dice expresamente que han venido a «probar aventuras»; la torre de Segismundo es una «encantada torre»; Segismundo en palacio tiene algo del Sancho de la ínsula; el criado segundo, a quien el príncipe tira por la ventana, al de Pedro Recio; y varias veces se pronuncia la frase de Don Quijote: «Yo sé quién soy.» «Sé quién soy», dice Segismundo (v. 1538). La frase tiene tres significados: a) nivel profundo de la conciencia individual; b) conciencia de nobleza y honra frente a los villanos; para decir Astolfo que Rosaura no tiene padre conocido dice: «ella no sabe quién es» (v. 3264); c) estos significados ponen la obra de Calderón en el mundo secular y caballeresco típico de la comedia como forma de comunicación distinta del auto sacramental; frente al «sé quién soy» de los nobles, Clarín se define como «el mequetrefe / mayor que se ha conocido» (vv. 1334-1335).

Clarín y el criado segundo. El gracioso se ha colado en la Corte y entra en el servicio de Clotaldo. Cuando Segismundo se despierta, Clarín es el adulador contra el cual claman con unanimidad los tratadistas de la educación de príncipes en los siglos XVI y XVII. El villano es «un grande agradador / de todos los Segismundos» (vv. 1338-1339). En contraste con él, el criado segundo corrige constantemente al príncipe. Ese criado sería el ejemplar que piden los tratadistas para que los reyes se libren de aduladores y conozcan las necesidades de su pueblo. Sin embargo, por un aparte (v. 1410) sabemos que la intención de ese criado no es pura; él es simplemente del partido de Astolfo y es tan adulador como Clarín. Los dos aduladores —plaga odiosa— mueren en la comedia.

Clarín y Segismundo. Cuando el príncipe es encerrado por segunda vez en la torre (II, 17), Clotaldo encierra al gracioso en la celda contigua. Desde la «encantada torre» comienza Clarín el tercer acto con un monólogo cómico. Cuando los soldados llegan para lanzar al príncipe contra su padre, le confunden con Segismundo. Pronto descubren al príncipe auténtico y él queda como príncipe huero. El contraste entre los dos es el contraste entre la vida y el sueño, entre la realidad y la sombra. No es que Calderón los identifique a los dos propugnando un escepticismo en cuanto a diferencias sociales y de nacimiento. Calderón le recuerda simplemente al que está en la altura que podía muy bien ser de los bajos y debe, por consiguiente, hacer bien su papel.

Clarín y Basilio. El texto nos dice que el campo de batalla estaba cubierto de sangre, pero el único muerto que vemos es Clarín, el conformista que no estaba dispuesto a dar la vida por nadie, sino a guardarla:

> que por quererme guardar
> de la muerte, la busqué.
> Huyendo della, topé
> con ella, pues no hay lugar
> para la muerte secreto (vv. 3076-3080)
>
> mirad que vais a morir
> si está de Dios que muráis. (vv. 3094-3095)

Las palabras del mequetrefe son repetidas textualmente por el rey: «Está de Dios...» En este punto parece confesar Calderón su creencia en el hado: lo que está de Dios se cumple. Sin embargo, el sentido de esa frase es explicado por Segismundo en su monólogo último. Lo que está de Dios se cumple, pero a través de «causas segundas», es decir, de acciones humanas que pueden ser meritorias o culpables. Basilio se engaña una vez más; se cree con razón por ver cumplidos los efectos vistos en la astrología. Segismundo le recuerda, sin embargo, que esos efectos proceden de una causa: la tiranía de Basilio por haber encerrado al hijo en la torre.

V. *El soldado rebelde (III, 14)*

Cuando termina la guerra, la prudencia y templanza de Segismundo contribuyen a sanar todas las heridas. Nadie se acuerda —estamos en el teatro— de las innumerables vidas que todavía yacen en el campo. Los leales vienen a pedir mercedes, y los enemigos, por boca de Clotaldo, a recibir su castigo. Y entonces ocurre otra paradoja y otra manifestación de la profunda sabiduría del príncipe. Se reconcilia con su padre y con sus primos, abraza a Clotaldo agradeciéndole como a un padre la educación que de él recibió, y manda preso a la torre al soldado que levantó el ejército en nombre de su justicia.

Ese final no había suscitado dudas hasta que ha surgido un tipo de crítica olvidada de la historia y del contexto. Para esa crítica tenemos un perfecto paralelismo entre la injusticia inicial de la torre y la injusticia final frente al soldado rebelde. Se ha llegado a imaginar la posibilidad de una segunda parte donde Segismundo, siguiendo el maquiavelismo e injusticia de esta escena contra el pobre soldado, sería un tirano del pueblo y suscitaría otro levantamiento contra su tiranía.

La situación de Segismundo y la del soldado al final, no son en absoluto comparables. Segismundo es heredero legítimo del reino mientras el soldado es un sedicioso. Es más, incorporando el pasaje a paralelos del Padre Mariana podía pasársenos por la cabeza que la prisión del soldado es una treta de Segismundo para salvarle del partido de Basilio, ya que Basilio podría seguir gobernando como rey. Pero esa ocurrencia se esfuma cuando se oye la razón para el prendimiento del soldado:

> que el traidor no es menester
> siendo la traición pasada. (vv. 3300-3301)

La prisión del soldado sin nombre, sedicioso que ha levantado al pueblo contra su legítimo soberano, es el primer acto de una justicia clemente propia de un rey que comienza en el ápice de la prudencia.

El auditorio de Calderón entendía esas palabras como explícitamente suenan. Pero, además, las incorpora a historias y textos que no dejan lugar a duda sobre el sentido del diálogo del autor con su público, y que nosotros tenemos que reproducir con lecturas del ambiente en que la palabra de Calderón cobraba su pleno sentido.

Mariana, en su libro tantas veces citado, recuerda la historia de Enrique II de Castilla (1369-1379), quien al morir «encargó entre otra cosas, que dijeran a su hijo que había en la nación tres géneros de hombres: unos que habían estado siempre por él; otros, por su enemigo el rey Don Pedro, otros que habían permanecido siempre neutrales: que conservase a los primeros los beneficios, hombres y premios que les había concedido, pero sin dejar de temer nunca su perfidia y ligereza; que no vacilase en confiar el gobierno a los segundos, hombres constantes que sabrían recompensar con amor la ofensa hecha y probar su lealtad desplegando toda su ciencia y celo en el desempeño de su cargo; que procurase con mucho ahínco que los últimos no ejerciesen destino alguno en la república, pues habían de posponer siempre los intereses generales a los propios»[15].

Un caso semejante se contaba de Juan II (1406-1454): «El alcaide de Atiença, que tenía la tenencia por el Infante don Enrique, diósela al Rey don Juan el Segundo. Aconteció que estando el Rey sobre Santorcaz, defendíase muy bien al alcai-

---

[15] P. Mariana, *op. cit.*, libro III, cap. 12, BAE, 31, pág. 562a.

de. Estaba allí presente el otro alcaide que hauía dado a Atiença, y dixo: 'a lo menos, señor, no lo hize yo desta manera con vuestra Alteza'. Respondió el Rey: 'Por esto yo mis fortalezas las confiaré antes de sus hijos deste, que de los vuestros'»[16].

Y ya muy cerca del auditorio mismo de Calderón, Beyerlinck cuenta en su *Theatrum vitae humanae* que cuando vinieron los portugueses colaboracionistas a pedirle a Felipe II las mercedes que les habían prometido sus agentes en la lucha contra el pretendiente don Antonio, Felipe II les dijo: «si yo era el rey legítimo, debierais haberme dado el trono sin promesa ninguna, pues era mío; y si no lo era, fuisteis desleales a vuestro legítimo príncipe. Por eso id en buen hora y agradeced mi clemencia que vais vivos»[17].

Estos ejemplos no dejan lugar a duda: Calderón está dramatizando con ese castigo la casuística de un hombre que ha resultado origen de la restauración de la justicia, pero con culpa personal suya. La restauración de la justicia se le debe *per accidens,* puesto que de a guerra contra Basilio se ha derivado la restauración de los derechos de Segismundo; pero, *per se,* la acción del

---

[16] Melchor de Santa Cruz, *Floresta española,* Madrid, Sociedad de Bibliófilos Andaluces, 1953, pág. 42.

[17] «Operae pretium inquit —Josephus Texera— erit referre quo pacto serenissimus Rex Philippus cum iis egerit, qui in causa fuere quod tam levi negotio, rerum in Portugallia fuerit potitus. Hi Antonio Rege Portugalliae vero ac naturali, plane Regno exturbato ac profligato, Philippo supplicem libellum porrigunt quo enarrant cuncta quae praestiterant quo ille facilius regnum occuparet, supplicantque ut rex vellet adimplere ea quae ejus nomine ipsis essent promissa a regiis legatis, duce videlicet ossiniensi et Christophoro a Moura, exhibent quoque scripta quibus de legatorum seu agentium —ut loquitur Connestagius— promissis constabat. Ad quae Rex Philippus responderi jubet an hunc supplicem libellum una cum agentium scriptis traderent judicum collegio quod in Portugallia "mensa conscientiae" vocatur. Hoc cum factum fuit, prolatum est de ea re decretum in haec verba: "Cum Rex Philippus sit verus haeres regni lusitanici, non licuit supplicantibus idipsum vendere donis vel pollicitationibus, quin potius incurrerunt poenam capitis, eo quod ultro et citra haec promissa, regnum ipsi Philippo regi non tradiderint; sin vero regnum ad Antonium pertineret, eos id Regi vendere non potuisse. Quare Rex Philippus nullo modo obligatur promissis quae legati sive agentes supplicantibus fecerant; verum benignitate ac clementia sua utens, absoluit supplicantes a capitali poena, cui hac de re se fecerunt obnoxios» (Beyerlinck, *Theatrum,* VI, 679a).

soldado rebelde es mala. No olvidemos que Segismundo considera ilícito su propio levantamiento; por eso, como reo de lesa majestad, se pone a los pies de su padre pidiéndole la muerte. El padre le perdona. La prisión del soldado en la torre es el castigo piadoso dado a quien merecía la muerte.

VI. *Teatro*

La espada de Rosaura. El móvil que hace lógico el encuentro del grupo de la torre con el grupo de palacio es la espada de Rosaura. Si a través de ella Clotaldo no hubiera descubierto a su hija, él hubiera mandado a los soldados matar a los intrusos sin necesidad de ir a la Corte. En un cambio brusco de escena, se nos presenta el nuevo grupo; pero ese cambio es necesario para entender por qué ya no pesa la pena de muerte sobre Rosaura y Clarín. El rey ha descubierto ya el secreto. Como la princesa Estrella es nueva en esta Corte, hay que ponerle casa y eso hace lógico el que Rosaura pueda entrar al servicio de la princesa. De ahí se siguen las intrigas para descomponer el amor de Astolfo y Estrella.

La espada por la cual Clotaldo reconoce a su hija, permite al auditorio conocer el secreto que Rosaura sigue ignorando. Ese aparte de Clotaldo permite que el público entienda en sentido literal el diálogo en que Clotaldo y Rosaura se llaman padre e hija, entendiendo ella el término en sentido metafórico (I, 4; I, 8; II, 8; III, 8).

Con la moda del psicoanálisis no podía faltar en algún crítico la ocurrencia de que la espada sea un símbolo fálico. La ocurrencia se hace plausible recordando precisamente que Rosaura viene a vengar su deshonra. Creo, sin embargo, que Freud no ayuda en la comprensión de *La vida es sueño.* No creo que el texto de Calderón nos permita unir la espada con ningún simbolismo sexual; la espada es un móvil central de la comedia y en principio podría tener varios niveles de significación; pero la asociación simbólica en este caso no explicaría nada[18].

---

[18] En *La vida es sueño* la espada es sólo un recurso dramático. En *La dama duende* Calderón nos dice expresamente que la espada no tiene para él más

Tampoco la idea del sueño en Calderón gana mucho desde el pensamiento de Freud. El sueño calderoniano se inserta en una concepción del cosmos que no tiene nada que ver con un psicologismo individualista.

Otro elemento que nos parece traer la memoria de Freud es la relación padre-hijo; podíamos imaginar la distancia entre los dos como resultado de reverberaciones edípicas, pero iríamos contra la superficie misma del texto: Segismundo mata a su madre al nacer, nunca a su padre; y junto a la relación padre-hijo de Segismundo y Basilio tenemos en perfecto paralelo la relación padre-hija de Clotaldo y Rosaura. En un caso, dos varones; en el otro, varón y hembra. Sin embargo, los dos hijos —varón y hembra— pueden acusar a sus respectivos padres de no haberles educado debidamente. Es una relación moral la que existe entre ellos sin el más mínimo apoyo en el texto para desviaciones psicopatológicas.

La última instancia de la obra que nos puede hacer recordar a Freud, es la ocultación del nombre y la asociación de un nombre con imágenes y afecto. Pero esto es una experiencia muy común que no encierra en Calderón ningún misterio ni simbolismo.

El retrato. Cuando Astolfo viene a Polonia, está enamorado todavía de Rosaura, pues lleva su retrato en el pecho, pero al ver los «excelentes rayos» de Estrella parece cambiar súbitamente su inclinación. El retrato se convierte en un móvil que detiene el avance de los amores entre Estrella y Astolfo (II, 11-16).

Historias comprimidas. La vida es sueño pretende ser una biografía de Segismundo, de Basilio y de Rosaura. Se narran tres vidas directamente, e indirectamente algo de la vida de Clotaldo.

---

que un sentido moral: con ella se defiende el honor o no se le defiende. La espada puede ser «doncella» si no se ha manchado en sangre de los enemigos *(La dama duende,* I, v. 178). Una espada doncella es todo lo contrario del «símbolo fálico» imaginado por algunos.

El procedimiento de narrar hechos que no se podían presentar en escena se hizo común según los dramaturgos iban siendo más conscientes de las unidades clásicas. La acción de nuestra comedia se puede reducir a dos días para los dos actos primeros. Luego pasarán unos cuantos días en que Segismundo está de nuevo preso; en ese tiempo se prepara la conspiración. La batalla final y la última escena tendrán lugar en un día.

Sin embargo, este análisis del tiempo resulta inútil: la comedia no se puede medir con nuestras categorías temporales. Crea su propio tiempo, mucho más largo que esos días que contamos. ¿Qué edad tienen los protagonistas? Si Segismundo tiene veinte años y Basilio sesenta, el príncipe nació cuando los padres ya estaban en edad madura. Lo mismo pasa con Rosaura, que se describe como fruto de un pecado juvenil del viejo Clotaldo. Estas reflexiones, que se pueden hacer también con respecto al lugar, nos hacen ver la obra como una serie de historias comprimidas en un retablo como el que llevaban Maese Pedro por los pueblos de la Mancha, y los falsos cautivos del *Persiles*. Por eso, junto a los cambios lógicamente motivados, la comedia española usa con libertad el cambio brusco de escena cuando el autor necesita pasar de un cuadro al otro de su historia.

La misma estructura tienen los dramas de Shakespeare. *Hamlet* no es una obra en la cual el compromiso del protagonista con su situación se vaya intensificando progresivamente. *Hamlet* es un retablo en el que pasamos de un cuadro a otro, teniendo nosotros como lectores y espectadores que construir la historia. Por eso es una distorsión reducir el análisis de estas obras a la historia del protagonista. Calderón ha puesto igual atención a las escenas de Segismundo que a las escenas de Clarín. *La vida es sueño* es el políptico lleno de plasticidad que resulta de la yuxtaposición de todos sus elementos, remansados en sus bellas tiradas poéticas.

Los monólogos. La sustantividad de los caracteres se muestra en la atención que reclaman del auditorio, y la prueba de esta atención son sus monólogos. En *La vida es sueño* encontramos tres tipos de monólogo: a) el «vacilante y discursivo» de

Clotaldo; b) los narrativos de Basilio y Rosaura, y c) los magistrales de Segismundo.

El monólogo de Clotaldo presenta a un hombre apresado en el dilema de matar a su hija obedeciendo al rey, o salvarla siéndole desleal; magnífica situación para retorcerse de dolor como Laoconte. Clotaldo, en cambio, esclaviza su dolor personal a las fórmulas de la ley. El sentimiento sólo se expresa en la sonoridad grandilocuente de los versos, y por debajo de esa sonoridad corre un razonamiento en que la ley del homenaje se contrasta con el amor propio. Clotaldo decide que ha de prevalecer la primera, y como resultado del contraste, viene un verso de antología, sonoro y alto, pero sólo una bella voluta de humo:

> Y así entre una y otra duda,
> el medio más importante
> es irme al rey y decirle
> que es mi hijo, y que le mate. (vv. 457-460)

Los monólogos narrativos de Basilio y Rosaura resumen historias cuyo efecto se recoge en la comedia. Esos elementos narrativos aumentarán en el teatro francés del siglo XVII, pues el teatro tiene que suprimir acción para concentrar los hechos con verosimilitud en un espacio y tiempo limitados. La ley de las unidades requiere muchas casualidades y hechos fuera de escena para que los protagonistas puedan juntarse en un lugar dado[19].

Los monólogos de Segismundo son como las columnas que sustentan la comedia. El príncipe se gana la simpatía y atención hasta el punto de que solemos olvidarnos de los demás personajes y acciones y recordar solamente a Segismundo y su historia. Cuatro son los monólogos del príncipe: en el primero está confuso; todo son preguntas sobre su situación (I, 2); en el segundo (II, escena última) sabe que la vida es sueño; en el tercero (III, 10) aprovecha su sabiduría para comportarse honorablemente con Rosaura, y en el cuarto enseña con autoridad y prudencia al «sabio» rey Basilio (III, 16).

---

[19] Como ha hecho notar Duncar Moir (cfr. Bibliografía), un análisis detenido de la obra calderoniana sorprende por el respeto con que se guardan en general las unidades clásicas, aunque no entendidas en el sentido más rígido.

Los dos primeros monólogos están distribuidos a base de unos motivos: ave, bruto, pez, arroyo. Estos motivos concretan en imágenes poéticas de la naturaleza los tres elementos: aire, tierra, agua. Al compararse con ellos el príncipe se encuentra menos libre y, como resultado, se hace un Etna, es decir, fuego. La maravillosa sonoridad de los versos se precipita en una osatura lógica; y los últimos versos del monólogo son una recapitulación a la inversa de los elementos que ha ido nombrando (vv. 170-172)

El final del acto segundo es en resumen una danza de la muerte o un norte de los estados. Del rey abajo, todos son representantes de la pobre comedia de la vida. Después de recorrer la gama de menesteres humanos, se pronuncia la moraleja:

> que toda la vida es sueño,
> y los sueños, sueños son. (vv. 2186-2187)

El tercer monólogo se parece en su estructura al de Clotaldo (I, 3). Entre gozar a Rosaura o salvar su honor, el príncipe dramatiza una lucha interna, pero no muestra sufrimiento ni auténtico titubeo. Fórmulas morales y lógicas deciden para él desde fuera. El único titubeo se da en el recuerdo y contraste de los dos extremos —pasión y ley— entre los cuales se encuentra. Los monólogos de la comedia española no son nunca subjetivistas, sino que se resuelven con fórmulas universales exteriores al sujeto; esos sufrimientos son magnífica retórica y poética, no sentimiento propiamente dicho.

El cuarto monólogo de Segismundo es más bien un monólogo de don Pedro Calderón. La acción principal de la comedia proviene del gran pecado de Basilio: haber faltado a su deber de padre y de rey.

Diálogo. En algunos casos es difícil decidir cuándo estamos ante un monólogo o ante un diálogo en *La vida es sueño*. La primera escena, por ejemplo, es un monólogo de Rosaura, pero pronto sale Clarín demostrando que él era el interlocutor. Esta reflexión nos conduce a ver que en *La vida es sueño* el diálogo dramático apenas existe, sencillamente porque la parte de cada dialogante gana sustantividad poética y nos detiene en sí. En un diálogo la contribución de los hablantes se debe fundir en el resultado final. Pues bien, en esta «poesía dramática» tal fusión no se da. De nuevo, la obra es un retablo de muchos cuadros; por mucho movimiento que tenga cada cuadro, ese movimiento queda encerrado en el marco de cada uno. Cuando la intensidad de la acción alcanza un nivel de paroxismo (fin del acto primero y fin del acto segundo), se da precisamente un corte brusco haciendo caer el telón.

Es típico, aunque no exclusivo, de casi todas las comedias de Calderón, ese momento en que los personajes alternan en un diálogo rápido completando uno el verso del otro con un triple contenido: sinonímico («Sabio Tales, / docto Euclides», v. 580), sintético y antitético. Estos dos últimos contenidos alternan en vv. 2640 y ss.:

> CLOTALDO. Es locura.
> ROSAURA.   Ya lo veo. (sintético)
> CLOTALDO. Pues véncela.
> ROSAURA.   No podré. (antitético)

Los versos citados, ¿son diálogo? Si explotáramos en una película los efectos dramáticos contenidos en estos parlamentos, los protagonistas podrían desaparecer y dejar que puras voces anónimas intercambiaran esos proyectiles de sonido. Los personajes y la acción desaparecen en estos momentos, y el drama se hace lengua pura, experimento poético.

Atención especial reclaman los diálogos amorosos, que en nuestra obra son cuatro: Segismundo/Rosaura (vv. 190 y ss.); Astolfo (vv. 475 y ss.); Segismundo/Rosaura (1593 y ss.); Astolfo/Estrella (1724 y ss.). Estos diálogos poseen una inmensa belleza como poesía lírica. En este sentido haremos de ellos una breve cirujía en el próximo apartado. Como diálogo siguen todos un patrón: el varón se exalta en un apasionamiento progresivo y al llegar al punto más alto, corta la dama como voz de la serenidad y la templanza.

En contraste con los diálogos de amor, está el diálogo del amor ofendido Astolfo/Rosaura (vv. 1884 y ss.). Tres caracteres descubro en ese diálogo: a) dialéctica conceptista; b) culminación en las amenazas de la amazona Rosaura, y c) nueva declaración de amor por parte de Astolfo, que hace lógico el matrimonio con ella en la última escena.

El último carácter que creo importante señalar en este somero análisis del diálogo es su diferencia de nivel y, por consiguiente, pluralidad de interlocutores. Ya he señalado el juego en que Rosaura llama padre a Clotaldo en sentido metafórico mientras el espectador sabe que es su padre en sentido carnal. En otros casos, entre los hablantes se filtra el autor. En los diálogos amorosos ha dejado la comedia a un lado y ha querido darnos poemas líricos de la mayor calidad. Finalmente, viendo las acotaciones de la edición *princeps* se nota cuánta colaboración pedía el autor a su auditorio. Los editores modernos dividen la obra en escenas y al principio de cada una nos dan los nombres de los personajes que intervienen. En muchos casos han añadido acotaciones ellos mismos. Calderón no dice nada de esto. El lector tenía que decidir, como el director de la representación, esas cosas que Calderón no señalaba, porque a él no le interesaba darnos una obra cerrada en que no contaran autor ni lector, sino comunicarnos un mensaje de hombre a hombres.

Quinésica. La tesis filosófica del título es que la vida es sueño. Como veremos después, el sentido primario de esa proposición no es que la vida sea breve, sino que muy pocas veces nos recogemos con plena conciencia de existir. Esta idea básica se dramatiza en la comedia de forma que en un momento dado todos los personajes principales ven y escuchan algo que no pueden creer:

> CLOTALDO. ¡Válgame el cielo! ¿Qué escucho?
> Aún no sé determinarme
> si tales sucesos son
> ilusiones o verdades. (vv. 395-398)

Los ojos y el oído son el lado visible y dramático del enigma que constituye el tema de la comedia: ¿cuándo soy auténticamente yo y cuando me dejo llevar de lo que se hace y se dice? Y si la estructura de la existencia comprende también ese elemento social de lo que se hace y dice, ¿qué es el individuo en esa estructura social? ¿Cuándo vivo y cuándo me dejo llevar como resbalando por la existencia?

Asociados al sentido de la vista vienen la luz, el retrato y la visión en general como posible engaño de la fantasía. Segismundo se presenta en escena «sólo de la luz acompañado». Esa luz es en el príncipe no educado «la luz natural del entendimiento agente», capaz de recibir todas las especies que da el arte. Por eso no escribió Calderón «acompañado de una luz», sino de «la luz»[20]. Y aunque luego se dice que Clotaldo le ha enseñado algunas cosas, para la comedia lo importante es que no le ha educado como se debe educar a un príncipe. Ante la mujer los ojos de Segismundo «se mueren por ver». Un momento antes Rosaura y Clarín han estado en peligro por lo que han oído. En general, no sólo las imágenes poéticas en toda la obra son imágenes de color y sonido, sino que el movimiento dramático mismo está en gran parte ligado a experiencias y sorpresas expresadas con los verbos ver, oír y escuchar.

La conciencia del poder expresivo de esos movimientos se percibe varias veces en la obra, y se declara en los siguientes versos:

> Y declarándome muda,
> porque hay penas y congojas
> que las dicen los afectos
> mucho mejor que la boca,
> dije mis penas callando (vv. 2804-2808)

---

[20] Aunque Calderón (n. 1600) es coetáneo de Descartes (n. 1596), no tiene sentido comparar la problemática del conocimiento en uno y otro. Descartes inicia un análisis científico del problema de la percepción; Calderón está lejos de la preocupación científica y se ocupa de las diferencias de intensidad con que tomamos conciencia de las cosas y nos comprometemos con ellas.

45

VII. *Poesía*

1. Métrica

Acto I

Silvas pareadas	xX	1-102
Décimas	abbaaccddc	103-272
Romance (a-e)		273-474
Quintillas	abbab y ababa	475-599
Romance (i-o)		600-985

Acto II

Romance (e-a)		986-1223
Redondillas	abba	1224-1547
Silvas pareadas	xX	1548-1723
Romance (e-e)		1724-2017
Décimas	abbaaccddc	2018-2187

Acto III

Romance (e-o)		2188-2427
Octavas reales	abababcc	2428-2491
Redondillas	abba	2492-2655
Silvas pareadas	xX	2656-2689
Romance (o-a)		2690-3015
Redondillas	abba	3016-3097
Romance (a-a)		3098-3319

La vida es sueño tiene 3.319 versos. De ellos 2.943 son octosílabos; el resto, pareados con alternancia de heptasílabo y endecasílabo, y ocho octavas reales. El predominio del octosílabo es muy claro. Si leemos la obra en una traducción comprobamos que la obra de Calderón cambia de naturaleza. Los versos largos y pausados de una traducción inglesa o alemana —no digamos si la traducción es en prosa— dilapidan la sonoridad del octosílabo español y hacen desaparecer esos momentos en que Calderón se olvida de la acción para dar pábulo a su concupiscencia del oído. La traducción nos aparta de la lengua y nos lleva al tema. Con ello, surge un drama de tipo shakespeariano. En él la historia de Rosaura no hace sombra al drama filosófico de Segismundo, ya que su situación también es trágica, pues es doncella noble deshonrada.

Ahora bien, lo característico y lo valioso del teatro español clásico radica en que es teatro en lengua y verso españoles. La sonoridad del octosílabo hace que el elemento poético se haga sustantivo. Con ello, los géneros tragedia y comedia cobran un sentido distinto del que tienen en Europa. Tenemos que reescribir la historia de las relaciones de la comedia española con la europea, acentuando la influencia del sonido en el drama. Si Calderón se puede comparar con Shakespeare tiene que ser el Calderón de los octosílabos, porque el Calderón de verso inglés largo y pausado, Calderón traducido, ya se parece mucho.

Tan esencial es la musicalidad en el teatro del Siglo de Oro, sobre todo en Calderón, que su auditorio en muchos casos no percibía contenido alguno del verso, más que el sonido. Para probar este aserto lo menos apropiado es recordar las sutilezas teológicas. A veces se ha discutido si el público de los corrales entendería la teología de los autos. Sin embargo, la teología era lo más fácil de entender, ya que las verdades básicas que se dramatizan eran corrientes en los sermones y en la liturgia. Cuando se plantea el tema de la predestinación, por ejemplo, el pueblo no necesita saber las tesis de Báñez o Molina, pues lo único que se representa en el teatro es que todo el que se condena se condena por su culpa. Esa sencilla verdad no la negaba ningún teólogo[21].

---

[21] Lo que el público no entendería, eran los problemas expresados en terminología técnica escolástica, que se acumulan en algunas obras, aunque no se dan en *La vida es sueño*. Los siguientes ejemplos son todos de *Cuál es mayor perfección*.

> Esto tengo
> pero si Dios me lo dio
> gratis dato, ¿qué he de hacerlo? (1, 4. BAE, 7, 71 b).

La gracia *gratis data* se distinguía de la gracia santificante. Esta era la gracia ordinaria que se infunde en el alma; la otra era un beneficio especial concedido a la persona para bien de los demás, pero que no santificaba a esa persona: hacer un milagro, por ejemplo.

Menos accesible al público de los corrales era la hojarasca mitológica; y menos aún, las metáforas barrocas en que se enumeran los cuatro elementos: agua, tierra, fuego, aire, o las sutilezas conceptistas: «porque no sepas que sé / que sabes flaquezas mías». Aquí no hay más protagonistas que el sonido.

El sentido histórico de ese formalismo está todavía por investigar en serio. El teatro, género popular, cuanto más se difunde como espectáculo, más impopular se hace en su texto. En vez de ser un diálogo con el espectador, se va convirtiendo en expresionismo puro, que vive de superar las bufonadas metafóricas de la generación anterior. Se hace «teatro de teatro», hasta que a fines del siglo XVII pierde respetabilidad y le sustituye un teatro verdaderamente popular: el baile y el sainete.

¿Cómo se explica esto si hombres como Calderón quieren educar al pueblo? Para Calderón educar al pueblo significa que el labrador tenía que aceptar conscientemente su inferioridad, querida por la Providencia. Ese teatro que el pueblo

---

> ¿Bebidas y no irme a mí?
> Implican el argumento (I, 6, 72c).

«Implicar» era un verbo intransitivo en general, que significaba hacer el argumento contradictorio.

> ¿Eso miras? ¿Qué mujer,
> señor, no nació dotada
> en mentira infusa? (II, 11, 79c).

La ciencia infusa se le concedía a algunos místicos, que sabían teología sin estudiarla. Se oponía a la ciencia adquirida.

> BEATRIZ.   Querer quererla.
> FÉLIX.   ¿Y querer quererla basta?
> BEATRIZ.   No, mas dispone.
> FÉLIX.   No hay
> dispuesta materia que arda,
> si está en otra parte el fuego *(ibíd.,* 80a).

Ante este tecnicismo no es extraño que en un momento se diga:

> Y dime por vida mía:
> ¿hablan en algarabía?
> Porque yo nada entendí (III, 2, 85b).

no entendía era educativo porque le hacía ver que había otros niveles de cultura. El pueblo estaba obligado a respetarlos, sin aspirar a ellos. Tampoco el rey ni los nobles entendían el texto de la comedia. Pero ellos estaban por encima de ese saber «puramente contemplativo», propio de criados como Cervantes y Calderón.

2. Imágenes

El primer verso de *La vida es sueño* es: «Hipogrifo violento», y el último, antes de la despedida de los personajes, «¡Qué discreto y qué prudente!» El primero se dice a un caballo; el último, de Segismundo. Pero al margen del destinatario, los dos forman el marco dentro del cual se desarrolla un proceso que va de la lucha violenta entre las pasiones y la razón, a un estado en que el hombre ha logrado el dominio de sí mismo. *La vida es sueño* es una obra de violencia donde hay dos muertes, una guerra con muertos innumerables, amenazas de muerte, amenazas de suicidio, y luchas con daga y espada[22].

Las imágenes de la obra se distribuyen en torno al hipogrifo (encarnación de la violencia) y al sol, encarnación de la serenidad. El hipogrifo es contradictorio, se desboca, se arrastra y se despeña entre montañas que parecen torres de Babel levantadas para luchar contra los dioses. El hipogrifo cae cuando el sol se va y caen sobre los montes las sombras de la noche. Los motivos de violencia, oscuridad y pasión se vuelven a repetir en el acto tercero antes de la última batalla, cuando Rosaura reaparece en otro caballo aborto del viento.

En contraste con la imagen del caballo desbocado —Faetón— está la imagen del sol, Apolo. Sol es el rey que reside entre las estrellas; sol es para Segismundo y Astolfo Estrella, cuya hermosura puede oscurecer al sol. Cuando Astolfo se encuentra con Segismundo por primera vez, le llama sol que sale de debajo de los montes; y cuando el príncipe tiene que comparar a Estrella con Rosaura, ésta queda definitivamente como el sol.

---

[22] Puso de relieve la violencia Cesáreo Bandera en *Mímesis conflictiva*, Madrid, Gredos, 1975, págs. 184-260.

La imagen del caballo se puede poner en correlación con otras —Faetón/Sol, juventud/madurez, crepúsculo/luz— que refuerzan la dualidad primaria de la obra: pasión/razón.

El móvil por el cual se pasa de la pasión a la razón es el sueño. Al hablar de lo móviles dramáticos —espada, retrato— no he mencionado el sueño. El término tiene tres sentidos en nuestra obra: sueño de dormir, que es móvil dramático, pues Clotaldo aprovecha el sueño para llevarle a Segismundo dormido a palacio, y sueño de soñar: el sueño actúa como predicción de la futura batalla y triunfo. Los dos significados fundidos dan origen al tercero: sueño como nivel de conciencia; dormir o estar despierto significa que no recogemos plenamente nuestra existencia, sino que nos vamos derramando en bandazos y contradicciones, riéndonos cuando quisiéramos llorar, sintiendo vanidad cuando queremos mostrar sinceramente nuestra pequeñez, queriendo que le pase algo a un amigo para poder hacerle un favor. Esta contradicción íntima de nuestra personalidad es la fuente prehistórica de esa metáfora vulgar y sencilla que se encuentra en todos los rincones donde hay hombres: «la vida es sueño».

3. Conceptismo

> Estando el sol delante
> ¿Qué estrella no caduca, o qué fragante
> rosa de color bella
> no es pálido despojo de una estrella?
> ¿Qué flor, la más hermosa
> no es marchito desmayo de una rosa?
> ¿Qué planta, qué hoja verde
> con una flor la vanidad no pierde?
> Pues yo así, aunque he tenido
> dicha, señor, con tu presencia, he sido
> planta, flor, rosa, estrella
> a quien el sol desluce y atropella.
> REY ¡Bien dispuesto conceto![23]

[23] *Saber del mal y del bien*, II, 3. BAE, 7, 26a. Sobre la correlación dramática en que el procedimiento de correspondencias estructura la marcha del drama, véase Dámaso Alonso, «La correlación en la estructura del drama calde-

Los versos citados contienen la misma idea y motivos que otros de Segismundo en la escena séptima de la segunda jornada. Asistimos a una competición entre las estrellas y el sol, las flores y la rosa, las plantas y hojas verdes frente a la flor. Tras la enumeración progresiva de esos motivos, se repiten en orden inverso, quedando el poema perfectamente redondeado. Este procedimiento se emplea en todos los poemas líricos de *La vida es sueño* con la única excepción del monólogo de Segismundo al fin del segundo acto. La correlación y recapitulación de elementos produce una sensación de orden en un tipo de expresión que, por lo apasionado, podía perderse en enumeraciones caóticas. Cuando Calderón apostilla por boca del rey: «¡bien dispuesto conceto!» nos comunica su distancia de artista. La pasión de sus personajes está siempre controlada por la razón y hasta por el racionalismo de su creador, Calderón de la Barca. En ese desborde de pasión, controlado siempre por la razón escolástica como por una camisa de fuerza, consiste probablemente la esencia del barroco[24]. Los motivos de la naturaleza en *La vida es sueño* no son nunca naturales, sino pintados, es decir, pasados por la capacidad y voluntad expresivas de un hombre. A Calderón parece atraerle más el arte que la naturaleza, un cuadro de paisaje más que el paisaje.

La voluntad de estilo culmina en trozos de verdadero virtuosismo formalista: rimas internas, paralelismos, quiasmos, figuras como la epanadiplosis, visión o hipotiposis[25] (realzada por el ritmo: «te desbocas, te arrastras y despeñas»), repetición, etc. Y toda esta hojarasca —en el sentido de la arquitectura barroca— como ingrediente de un diálogo teatral en que los personajes están fuera de sí, en constante actitud de admiración e interrogación. El drama barroco español es un drama de personajes alterados y no tiene sentido buscar en él

---

roniano», en M. Durán y R. González, II, ed. cit., págs. 388-454. Cfr. J. Casalduero, «Sentido y forma de *La vida es sueño*», *ibíd.*, pág 675.

[24] Cfr. Helmut Hatzfeld, «Lo que es barroco en Calderón», en *Hacia Calderón. Segundo Coloquio Anglogermano*, págs. 35-49.

[25] «En gran número de obras calderonianas... el auténtico protagonista de la obra es el cuadro» (M. Ruiz Lagos, «Una técnica dramática de Calderón», *Segismundo*, 2 [1996], pág. 92).

naturalidad de caracteres. La verdad de ese drama debe bus-
carse dentro de su artificiosa teatralidad, de su concupiscencia de sonido:

> El pensamiento barroco
> pinta virutas de fuego,
> hincha y complica el decoro.

4. Sin embargo...

> Oh, sin embargo,
> hay siempre un ascua de veras
> en su incendio de teatro[26].

El ascua de *La vida es sueño* es su verdad. Hay en el mundo
gángsters palaciegos que fomentan sus intereses llevándose
siempre vidas humanas por delante.

Hay en el mundo cinco mil millones de presos y oprimi-
dos —incluidos los opresores— que en algún momento de
su vida se preguntan: «¿y teniendo yo más alma / tengo menos libertad?» ¿Habrá en todo Shakespeare un paso de verdad tan perenne como este de Calderón?

> —Otro paso: Sólo a una mujer amaba;
> que fue verdad, creo yo,
> en que todo se acabó,
> y esto sólo no se acaba. (vv. 2134-2137)

El criterio escolástico para distinguir la vigilia del sueño es
la memoria. Varias veces lo emplea Segismundo. El amor, la
memoria y la salida de la caverna son en un primer nivel tres
instancias de platonismo en nuestra obra. Pero aquí la memoria es una experiencia de verdad humana: la persistencia
del sentimiento amoroso le asegura a Segismundo que estaba
despierto. El recuerdo que funde pasado y presente da a los
versos el tono de experiencia vivida que Machado exigía para

---

[26] Antonio Machado, *Poesías completas*, CLXI, 88-89, Madrid, Espasa-Calpe, 12.ª ed,, 1969, pág. 208.

la lírica. Aquí no hay un paisaje pintado, sino «palabra en el tiempo», es decir, participación de toda el alma en lo que se está diciendo. Hay hasta rima verbal y pobre, como pedía Machado, no brillantes sustantivos y correlaciones. Y eso, esa verdad, no se acaba. Cuando Buero Vallejo —*Historia de una escalera*, *Hoy es fiesta*— introduce sentimientos de nostalgia que parecen melodramáticos, está reviviendo esa vena del viejo teatro español, y el viejo teatro español está tocando una cuerda de verdad humana.

Dos instancias más de verdad «eterna» encontramos en nuestra obra: «toda la vida es sueño» y «no se pierde el hacer bien aun en sueños». La comedia es un contraste entre verdades sublimes (búsqueda de la libertad) y bellísimas bufonadas. Ejemplo de bufonada:

> ASTOLFO. Y así os saludan, señora,
> como a su reina las balas,
> los pájaros como a Aurora,
> las trompetas como a Palas,
> y las flores como a Flora.
> Porque sois, burlando el día
> que ya la noche destierra,
> Aurora en el alegría,
> Flora en paz, Palas en guerra,
> y reina en el alma mía (vv. 485-494)[27].

Entre esos extremos de sublimidad y flamenquismo se destila una verdad eterna y sobria: «no se pierde el hacer bien, ni aun en sueños». Nadie comprende a un poeta mejor que otro

---

[27] Esta doble dimensión de nuestro dramaturgo con excesivo predominio de la dimensión teatral que casi aniquila su verdad y gravedad, fue notada por Goethe: «Es Kommt immer darauf an, fuhr Goethe fort, dass derjenige von dem wir lernen wollen, unserer Natur gemäss sei. So hat z. B. Calderón, so gross er ist und so sehr ich ihn bewundere, auf mich gar keinen Einfluss gehabt, weder im Guten noch im Schlimmen. Schillern aber wäre er gefährlich gewesen, er wäre an ihm irre geworden. Calderón is unendlich gross im Technischen and im Theatralischen; Schiller dagegen weft tüchtiger, ernster und grösser im Wollen, und es wäre daher Schade gewesen, von solchen Tugenden vielleicht etwas einzuhüssen, ohne doch die Grösse Calderons in anderer Hinsicht zu erreichen», *Gespräche mit Eckermann*, 1825, Wiesbaden, Insel Vlg., 1955, pág. 146.

poeta. Machado despreciaba la hojarasca barroca de Calderón; pero vio de maravilla el ascua de veras: el incendio *del* teatro en el incendio *de* teatro, y dijo como Calderón, dos cosas; una: «Y más que un hombre al uso que sabe su doctrina, soy en el buen sentido de la palabra, bueno.»

Y la otra: Pero el niño se hizo mozo y el mozo
                tuvo un amor
                y a su amada le decía:
                ¿tú eres de verdad o no?
                Cuando el mozo se hizo viejo
                pensaba: todo es soñar,
                el caballito soñado
                y el caballa de verdad[28].

VIII. *Los sentidos de «La vida es sueño» (Síntesis)*

Los análisis formales se pueden hacer más y más extensos. Es laudatorio dedicar algún tiempo a esos detalles; el último goce y la última comprensión de la obra consisten en percibir la palabra, la imagen, la idea y los signos clave desde los cuales se despliega el texto.

Pero el análisis formal tiene dos características; primero, es agua en una cesta. Catalogamos imágenes, figuras, símbolos y al final comprobamos que los mismos elementos en otro autor o en otra obra del mismo Calderón no logran darnos otra *Vida es sueño*. Segundo, son indiferentes. En una comedia de capa y espada los mismos medios expresivos producen efectos distintos. Por eso, el análisis formal debe ser incorporado a una visión comprensiva de la obra de arte. Si *La vida es sueño* no fundiera sus ritmos y conceptos en las tres ascuas de verdad antes analizadas, no merecería la atención que nos merece.

Al mismo tiempo, nuestra tendencia a buscar el sentido de la obra debe guardarse de dos peligros: uno es el alegorismo, la reducción de la obra de arte a las ideas filosóficas del autor. Sin exponer esas ideas no entendemos el texto, pero la obra es

---

[28] A. Machado, *op cit.*, pág. 163.

arte porque su autor supo darles una expresión que los filósofos no les dieron. Nuestro análisis del sentido no puede perder de vista la estructura visible del drama. Por eso, después de todo estudio y análisis, el secreto se da en la lectura superficial, en el acto de leer o de ver la presentación con todo el movimiento y dramatismo incrustado en el texto.

El segundo peligro es buscar sólo un sentido y caer en falacias como «la interpretación moral», «la interpretación política» o la «interpretación teológica». Para Calderón —y para este editor— esos repartimientos no tienen sentido. La moral es una parte de la teología y la política es parte de la moral. Una interpretación de *La vida es sueño* que aspire a enriquecer nuestra inteligencia, debe presentar las tres facetas como simples aspectos documentables de la obra teatral. Y más allá de las interpretaciones moral, teológica y política, está la experiencia primaria: el sentido ontológico.

1. Sentido ontológico

Para Calderón la vida es sueño y la vida no es sueño.

> que fue verdad, creo yo,
> en que todo se acabó
> y esto sólo no se acaba. (vv. 2135-2137)

La memoria es nuestra conciencia de continuidad, igual a nuestra personalidad. La vida humana se juega en la lucha entre los dos niveles: el del sueño en que se vive poniendo la capa según venga el aire, y el nivel de verdad y compromiso con ciertos ideales. Calderón es católico y cree que hay vida después de la muerte. Pero el hombre puede llegar al concepto de la vida ultraterrena sólo porque sabe que hay dos vidas ya en esta de la tierra: la del conformista Clarín, la del alcaide de Atienza y la de los prudentes vasallos que no se comprometieron con don Enrique ni con don Pedro. Esa vida es para Calderón sueño y muerte. En contraste con ella está la de aquellos que posponen el amor propio en aras de la comunidad. Vida en peligro, vida ejemplar de hombres despiertos y no de vivillos. Para escribir *La vida es sueño* hay que estar muy despierto.

2. Sentido teológico

En *La vida es sueño* hay dos problemas teológicos: el poder de las estrellas sobre la libertad, y el de los fines del matrimonio.

Del primero casi no podemos decir nada. Estamos tan ciegos como Calderón. El hombre es una libertad fundida en tres coordenadas determinantes: cosmos, sociedad, lengua. Sabemos que existen las dos cosas: libertad e influencia; pero ni Calderón ni nosotros sabemos cómo y en qué grado se funden.

Calderón y los escolásticos admitían una influencia «indirecta» de las estrellas sobre la conducta humana. El adjetivo era tan vago, que se podía estrechar o extender al arbitrio de quien lo manejara[29]. En la obra queda bien claro que el hombre prudente vence a las estrellas. Por tanto, cada individuo es responsable de su conducta. Ya hemos recordado que las predicciones de Basilio se cumplen; pero Basilio es culpable, porque él sólo vio el efecto, pero no vio que ese efecto dependía de una causa —*effectus conjunctus* llamaban a esto los escolásticos—, que era precisamente su culpa. Ésta me parece la única sutileza teológica de *La vida es sueño,* que no es común en cualquier catecismo.

Además de ser indigno que un rey se dedique a la ciencia, la de las estrellas produce un saber puramente conjetural e inseguro. Si ese saber entra en conflicto con una obligación clara impuesta por el Evangelio y la Iglesia, la decisión tiene que caer en favor de la doctrina segura. Ahora bien, según la doctrina católica, el matrimonio tiene un fin primario: tener hijos y educarlos. Los dos elementos están igualmente fundidos en esa idea del fin primario. El gran pecado de Basilio consiste en faltar a la doctrina revelada por seguir la vanidad

---

[29] He pretendido documentar el poder histórico de ese adjetivo en mis libros *Sentido y forma de «La Celestina»,* 2.ª ed., Madrid, Cátedra, 1984, caps. 2 y 3; y en *Nuevas meditaciones del Quijote,* Madrid, Gredos, 1976, cap. 1.

de su investigación. Tenemos un caso idéntico al del *Condenado por desconfiado*[30]. A través de la obra Segismundo alude constantemente a esa contradicción: le han dado el ser de hombre «cuando el ser de hombre me quita» (v. 1487). No se trata en estos casos de vagas contradicciones «barrocas», sino teológicas en el sentido más técnico.

Como además Segismundo es príncipe, Basilio y Clotaldo han faltado contra la obligación que tienen frente al pueblo. Los razonamientos del príncipe a través de toda la obra se basan en esa doble verdad teológica: un saber seguro debe preceder al conjetural, y un padre que no educa a su hijo produce un «hipogrifo violento», es decir, un monstruo impensable, un puro «ente de razón».

3. Sentido moral

Con las ideas ontológicas y teológicas muy claras, Calderón creó situaciones de conducta que no son lógicas ni claras en el teatro. Cuando le llevan por primera vez a palacio, parece que Segismundo gobierna como rey. Eso forma parte de la leyenda tradicional del borracho dormido, pero no es lógico que el príncipe se convierta en protagonista viviendo su padre. Y si ese primer gobierno de Segismundo aún se puede justificar como un experimento basado en la leyenda, no hay justificación para que Segismundo premie y castigue al final, viviendo todavía su padre, rey legítimo. Aunque se da una abdicación en el v. 3253.

Calderón no supo dar una solución lógica al dilema moral que se plantea cuando un rey legítimo y bueno —profesor de astronomía— toma decisiones tiránicas.

Prescindiendo de ese problema, dos cosas quedan claras desde el punto de vista ético: todo hombre y todo príncipe viven en lucha constante entre la pasión y la prudencia. La segunda debe imponerse a la primera.

---

[30] Cfr. Introducción a *El condenado por desconfiado*, edición de C. Morón y Rolena Adorno, Madrid, Cátedra, 1974.

Al hablar de pasión en castellano se da generalmente la asociación con la inclinación sexual. Pues bien, todo hombre y todo príncipe deben enaltecerse defendiendo la honra de la mujer. Así quedan fundidas las historias de Segismundo y Rosaura.

Si se puede hablar de una «conversión» de Segismundo, ésta se da sólo al final cuando estas tesis deben prevalecer sin ambigüedad ni duda. La obra dramatiza la lucha entre las dos fuerzas.

4. Sentido jurídico-político

Basilio ha faltado a su obligación de padre con Segismundo, y ha faltado a su pueblo privándole del príncipe legítimo. Él ha tenido razones para esto: la visión de los futuros males que había de causar Segismundo. Siguiendo la doctrina del Padre Mariana, Basilio somete la situación a un refrendo popular: «Qué es lo que puede oponerse a que, por la voluntad de los pueblos se cambie, exigiéndolo así las circunstancias, lo que para el bien público fue establecido por los mismos pueblos? Puestos en tela de juicio los derechos de los que pueden suceder a la corona, ¿por qué no hemos de adoptar la resolución que nos parezca más provechosa y saludable? Hemos de ser jueces injustos precisamente en la causa más grave y de más trascendencia? Conviene además observar que los derechos de sucesión al trono han sido establecidos más por una especie de consentimiento tácito del pueblo, que no se ha atrevido a resistir a la voluntad de los primeros príncipes, que por el consentimiento claro, libre y espontáneo de todas las clases del Estado, como, a nuestro modo de ver, era necesario que se hiciese» (Mariana, *op. cit.*, pág. 477a).

Esta doctrina es explosiva; introduce nada menos que una democracia inorgánica en las decisiones fundamentales del Estado. Basilio sigue la doctrina sólo en parte, puesto que le ofrece al pueblo la solución ya hecha y sólo pide aprobación con frases paternalistas.

El pueblo, «bandidos y plebeyos», pide su heredero legítimo, cosa absurda en este caso, pues, prescindiendo de la culpa de Basilio en no educarle, el *effectus conjunctus* de esa falta de educación es que el príncipe era de hecho incapaz de gobernar. Al encontrarse Calderón con esta sutileza decide, para instruir a su público, dramatizar el tema de la educación, castigando a Basilio por su pecado. El problema está en hacer lógica la forma del castigo.

La forma de castigo es un levantamiento, que para Calderón nunca es lícito; por eso:

a) lo hacen los «bandidos y plebeyos»,
b) Clotaldo no duda en seguir leal al rey,
c) Segismundo pide perdón a su padre al fin de la batalla,
d) el sedicioso que levanta el ejército es castigado. La justicia del príncipe heredero se restaura por medio de una sedición parricida.

Para legitimar los derechos de ese príncipe no educado, se acentúa su «grandeza de ánimo natural». La magnanimidad y la gracia de estado, laboran subterráneas en el cambio de conducta del príncipe.

Entre todas estas sutilezas, que aún se podrían desenmascarar con más extensión, una cosa es clara; en todo el proceso no hay rastro de Maquiavelo; todas las sutilezas teológicas o jurídicas de *La vida es sueño* se explican admirablemente desde el pensamiento español de 1635.

IX. *Para la apreciación estética*

La vida es sueño está enmarcada por dos versos, el primero: «hipogrifo violento», y el 3304: «qué discreto y qué prudente». Entre ellos se encuentra un despliegue denso, polifónico, de sentidos superpuestos, espectáculo visual y texto lógico, mito pagano y teología católica, arquetipos primarios de la imaginación y categorías primarias de la razón, violencia y prudencia. En la bibliografía última suele ponerse de relieve el componente irracional, se señalan la violencia, el laberinto y los confusos abismos en los que se encuentran los personajes. Sin duda Calderón percibió el mensaje de Cervantes y sitúa a sus caracteres en el borde de lo racional y lo irracional; pero en el borde, en la frontera, en la diferencia. La violencia y los abismos están racionalmente codificados en una antropología que puede reducirse a tres capítulos.

1. La esencia

La esencia o naturaleza humana consta de cuerpo y alma. Todas las almas son iguales en la sustancia, pero difieren según el cuerpo en el que alientan. El cuerpo no tiene influencia directa sobre las potencias espirituales (entendimiento y voluntad), pero tiene influencia *indirecta*. Segismundo tiene un alma de príncipe, está inclinado a cosas grandes; esa grandeza es la que muestra al principio de la obra en sus aspiraciones titánicas, y al final, cuando la magnanimidad nativa se ha civilizado con la lección del sueño. Al mismo tiempo, la influencia *indirecta* es indefinible en términos precisos. De ahí que el rey Basilio pueda ser más plebeyo de alma que su hijo. Por eso se recrea en las matemáticas. La noción de la esencia humana que he descrito explica el germen de racionalidad que existe desde el principio en Segismundo. Toda visión del contraste entre la fiera y el hombre que no tenga en cuenta la humanidad inicial y la lucha entre la fuerza de la razón y la pasión hasta el fin del texto, no percibe su lógica y su estructura.

2. Las potencias

El alma tiene potencias puramente espirituales (entendimiento y voluntad), potencias sensitivas interiores directamente afectadas por la materia (sentido común, cogitativa, estimativa, memoria y fantasía), y sentidos puramente externos: ver, oír, oler, gustar y tocar. La palabra «pensamiento» suele tener sentido peyorativo en el Siglo de Oro, porque traduce esa «cogitativa» sensible que debe ser controlada por el entendimiento. Términos como brío, afecto, pasión, deseo, inclinación, gusto, amor propio, curiosidad, se sitúan en el ámbito de los sentidos interiores, no de la razón. Los impulsos del deseo y el brío producen la violencia; la educación es el esfuerzo de dominar y dirigir los impulsos por las potencias superiores. En el hombre se da la lucha entre las dos fuerzas; a la mujer, en cambio, se la caracteriza por el predominio del mundo sensitivo. Por eso se asocian mujer, curiosidad, pasión, sensualidad y sexualidad (Rosaura). Desde esta convicción me veo obligado a disentir de la profesora Cancelliere: «Segismundo ha vencido juntamente los impulsos eróticos y destructivos que lo constituían, con la sabiduría y la prudencia dignas de un rey, dictadas por una razón de estado» (pág. 58). Yo creo que para Calderón la razón de estado se deriva de un deber ser ético que impone dominar los impulsos del deseo para lograr la propia y verdadera identidad, no para negarla o falsificarla. La pasión de Segismundo por Rosaura no puede situarse en el ámbito del deseo instintivo contrario a la razón. Segismundo ama a Rosaura de verdad y un amor verdadero, además de pasión es lealtad, respeto y alegría porque existe la persona querida (gozo racional). De hecho, para Segismundo la experiencia del amor es la prueba de su identidad entre los vuelcos de la realidad y el sueño: «sólo a una mujer amaba; / que fue verdad, creo yo, / en que todo se acabó, / y esto sólo no se acaba» (vv. 2134-2137).

Segismundo no puede casarse con Rosaura «por razón de estado». Pero esa razón no es un cálculo egoísta. Rosaura no es virgen, «no tiene honra»; por tanto no puede contraer matrimonio con el príncipe (véase nota a v. 2766). En Z se encuentra explícito el razonamiento de Segismundo: «Fuera de que aunque me veo / más enamorado aora / de Rosaura, no sé bien / qué veneno o qué ponçoña / en mi pecho ha introducido / la relación de su historia, / que con amor y sin gusto / la miro; que baxa cosa / deue de ser en el mundo, / en materias amorosas, / amar lo que otro olvida, / o querer lo que otro goza» (Buchanan, pág. 132). El contraste entre deseo y razón o entre fiera y hombre creo que no perfila bien al Segismundo del texto. Más que el contraste debiéramos ver un espíritu magnánimo que lucha desde el principio por revelarse entre los obstáculos de la barbarie. En esa revelación luchan el espíritu y la barbarie hasta que triunfa el primero. Esta estructura del carácter nos impide ver un desarrollo paulatino y progresivo de tipo psicologista. Segismundo está construido sobre coordenadas éticas, no psicológicas[31].

3. Hábitos y actos

Las potencias superiores adquieren hábitos intelectuales (el entendimiento) y morales (la voluntad). Segismundo posee gran capacidad nativa para ser rey, pero no ha sido educado para rey; de ahí sus errores en la corte. Los hábitos condicionan en cierta dirección la libertad, pero nunca la suprimen. Además de los hábitos, de nuestra propia biografía que con ciertas elecciones nos va negando la posibilidad de otras muchas —la libertad nos hace cada vez menos libres—, la libertad se encuentra inserta en marcos exteriores que también la condicionan: destino en sentido griego, providencia y hado en sentido cristiano, coordenadas naturales (astros en tiempo de Calderón, ADN en nuestro tiempo), sociales y lingüísticas. En esa fusión de conciencia personal inserta en fuerzas de alcance desconocido reside el misterio de la libertad y la posibilidad de dramatizarlo. Una noción utópica de libertad sin resistencia o un puro determinismo harían imposible el drama, el grito de Segismundo: «¿Y teniendo yo más alma / tengo menos libertad?» Los críticos suelen quedarse satisfechos cuando pueden afirmar que Calderón es ambiguo con respecto a la libertad. Yo creo que Calderón es muy claro; lo oscuro, lo misterioso, es el problema. Calderón no logró desvelar el misterio y tampoco se ha logrado tres siglos después. El texto de *La vida es sueño* es complejo, no ambiguo.

Desde esta noción de la persona cada palabra del drama aparece como pieza de un mundo absolutamente racional, regido por la sabiduría y la voz de Dios. Las confusiones y laberintos proceden siempre de un error o de una culpa hu-

---

[31] El mejor criterio para diferenciar la literatura española clásica de la moderna es la concepción metafísica frente a la psicológica del ser humano y, como consecuencia, de los caracteres literarios. Véase C. Morón Arroyo, *Nuevas meditaciones del Quijote, op. cit.,* caps. 4 y 5.

mana consciente. Por otra parte, las estructuras racionales se expanden en espiral pasando por los mitos grecolatinos, por los primeros arquetipos de la imaginación y preguntando sobre el modo de funcionar la Providencia divina. Segismundo es Edipo, Teseo, Prometeo encadenado, el buen salvaje, «un compuesto de hombre y fiera» (v. 1547). Rosaura es un andrógino, una amazona, una mujer Quijote y Astrea cuando sustituye a Estrella, una Europa raptada. Estrella es Diana, La Aurora, Palas, Astrea ninfa de la paz, etc. *La vida es sueño*, como el resto del teatro calderoniano, está llena de alusiones míticas. Los mitos no actúan como simples términos de comparación para las acciones humanas, sino que son la esfera última y el horizonte en el que se insertan las acciones. *La vida es sueño* no es una obra alegórica. Tampoco es propiamente simbólica; es una obra densa por su inmensidad de resonancias y evocaciones. El símbolo es una fusión continuada y sostenida de significantes y significados. La resonancia es una evocación momentánea que no se continúa. Mientras los autos sacramentales se estructuran en alegorías y símbolos, las comedias ganan su riqueza significativa por la riqueza de resonancias que abre los conceptos precisos a un torbellino de referencias. El barroco de Calderón es la codificación racionalista del caos, la razón de la sinrazón. Está bien acentuar los mitos y arquetipos; por eso Calderón es poeta y dramaturgo; pero ese caos, como señaló muy bien Ángel L. Cilveti, está preso en los forceps del silogismo.

La estructura de *La vida es sueño* se presenta en tres momentos que se corresponden con los tres actos. En el primero conocemos a los personajes y los dos conflictos del texto, el de Segismundo y el de Rosaura. El segundo dramatiza el sueño como experiencia existencial, como la dificultad del hombre para conocerse y vivirse con alguna satisfacción. «Toda la vida es sueño» (v. 2186). En el tercer acto el signo básico es «aun en sueños / no se pierde el hacer bien» (vv. 2146-2147). La lección ontológica del segundo se ha convertido en lección moral. El resultado será el triunfo de la razón sobre las pasiones. En el tercer acto se unen los dos conflictos con su respectiva violencia en la guerra de Segismundo y Rosaura contra Astolfo, que es el verdadero objeto de ataque por parte de los dos. Triunfa la causa justa y sobre el reino violentado se vierte la prudencia, es decir, la razón práctica, la política de Dios y buen gobierno. Calderón ha logrado un texto rico en alusiones, que bucea en las preguntas fundamentales de la existencia personal y colectiva; lo hace con una originalidad que es bien patente cuando se le compara con sus contemporáneos, y todo ello en un texto lleno de ingenio y de belleza. Por esas notas es *La vida es sueño* una gran obra de arte.

Esta edición

La vida es sueño se escribió, según el profesor Albert Sloman, entre mayo de 1634, fecha de *Yerros de naturaleza y acier-
tos de la fortuna*, escrita por Calderón en colaboración con
Antonio Coello, y el 6 de noviembre de 1635, día en que
Juan Bautista de Sossa da su aprobación para que se impri-
man las doce comedias de la *Primera parte* (Sloman, ed., pág. x).
No se conserva ningún manuscrito de aquel tiempo. La comedia se publicó en 1636 en dos versiones.

P.   *Primera parte de comedias de don Pedro Calderón de la Barca, recogidas por don Joseph Calderón de la Barca, su hermano*. Según el profesor D. Cruickshank, se conservan cuatro ejem-
plares de esta edición: *Staatsbibliothek* de Baviera (Munich),
Nationale de París, Biblioteca de la Sorbona (París) y Apostólica Vaticana. La copia de la Vaticana fue publicada en facsímil por D. W. Cruickshank y John Varey en 1973 (véase refe-
rencia bibliográfica). Entre las aprobaciones a esta edición se
encuentra la del poeta y dramaturgo Joseph de Valdivielso;
merece la pena reproducirla casi completa como testimonio
de las ideas esteticoliterarias de su autor: «En estas comedias
que me mando ver V. A. y que escrivio don Calderon de la
Barca, cuyo ingenio es de los de la primera clase en la nove-
dad de las traças, en lo ingenioso de los conceptos, en lo cul-
to de las vozes y en lo sazonado de los chistes, sin que aya
ninguna que no encierre mucha doctrina moral para la refor-
macion, muchos avisos para los riesgos, muchos escarmien-
tos para la juventud, muchos desengaños para los incautos, y

muchas sales para los señores, y basta su nombre para su mayor aprovacion, pues en los Theatros se las ha merecido de justicia» (23 de noviembre de 1635).

La primera parte se volvió a editar en 1640 (P2) y hacia 1670 (P3), aunque en la portada de esta última se mantuvo la fecha de 1640 (cfr. E. M. Wilson, *The Textual Criticism*, pág. 73). Las tres versiones son hoy fácilmente accesibles en la edición facsímil de las *Partes* de Calderón preparada por Don W. Cruickshank y John E. Varey, vols. II-IV (Londres, Gregg International Publishers y Tamesis Books Limited, 1973).

Z. *Parte treynta de comedias famosas de varios autores.* En Çaragoça, en el Hospital Real y General de Nuestra Señora de Gracia, 1636, págs. 127-173. Sloman cita copias de las bibliotecas Mazarina y del Arsenal de París, Apostólica Vaticana y del British Museum. Yo he consultado la de la BNM, signatura T-i/30. Z contiene menos versos que P. Ya este dato indica que Z no puede contener la redacción última del autor. Suponiendo que Calderón escribiera un primer texto representado por Z, su hermano (el tono irónico del prólogo denuncia que su verdadero autor es muy probablemente el mismo dramaturgo) no hubiera editado una versión más extensa con material añadido por él o por otros. Si el mismo Calderón reelaboró una versión primera representada por Z, P representa la redacción definitiva del autor y Z debe de representar esas copias mutiladas que Joseph (con toda probabilidad el mismo don Pedro) quiere desterrar editando la correcta: «las he dado a la estampa con ánimo solo de que ya que han de salir salgan enteras por lo menos» (Dedicatoria al Condestable de Castilla. Edición fascsímil. Cruickshank-Varey).

La impresión de Zaragoza contiene muchas erratas de imprenta y versos sin sentido que no pueden representar el original. Por otra parte, P contiene algunos errores que no son sólo del impresor y en algunos casos Z ofrece un texto que parece ser el genuino. Z es más breve, más rica en acotaciones escénicas e introduce algunos versos que, en general, acentúan la autoridad del rey donde P es algo más vaga. A mi parecer, esto indica que Z es una versión primera o una versión abreviada destinada a la representación. El texto de P tampoco es el de Calderón en todos los detalles, pero es el más cercano. En los casos de discrepancia entre los dos lo importante es justificar la lectura preferida con paralelos verbales e ideológicos de otros textos del dramaturgo.

Como ejemplo de la defensa de la autoridad real en Z pueden compararse los vv. 2406-2420 de P (y de esta edición) con el lugar correspondiente en la de Zaragoza. Ésta se detiene más en la licitud o ilicitud del levantamiento. El soldado rebelde le dice a Clotaldo:

> Esas finezas, Crotaldo [sic]
> más son bárbaros desprecios
> del bien común. Los leales
> somos los que pretendemos
> que nos gobierne quien es
> natural príncipe nuestro.

Y Clotaldo responde según la teoría política entonces vigente en los tratadistas españoles:

> Aquessa lealtad viniera
> muy bien después del Rey muerto,
> mas viviendo el Rey, el Rey
> es solo absoluto dueño.
> Y no hay disculpa de aver
> tomado contra su imperio
> sus armas vasallos suyos (Buchanan, pág. 126).

Estos versos justifican el que Segismundo se considere culpable al final, y justifican el castigo del soldado rebelde. Segismundo está de acuerdo con «Crotaldo» en sus ideas sobre la rebelión contra el rey legítimo. La doctrina sobre la licitud del alzamiento contra el rey está menos clara en P.

VT. En 1685 don Juan de Vera Tassis y Villarroel publicó las comedias calderonianas con la promesa de restituir los textos corrompidos a su pureza original. Para La *vida es sueño* introdujo correcciones propias y en otros casos corrigió el texto de P con Z.

1851.   Don Juan Eugenio de Hartzenbusch editó todo el teatro no religioso de Calderón en los tomos 7, 9, 12 y 14 de BAE. *La vida es sueño* se encuentra en el t. 7, págs. 1-19. Hartzenbusch introdujo la división en escenas que hemos conservado nosotros entre paréntesis.

1881.   Max Krenkel, editó el texto en *Klassische Bühnendichtungen der Spanier,* Leipzig. Rica en paralelos con otras comedias de Calderón, que ayudan a entender pasajes oscuros.

1909.   Edición crítica de Milton A. Buchanan, Toronto, University of Toronto Library. Reproduce P, pero corrige algunas lecturas con Z y VT y da en apéndice muchas variantes de estas dos ediciones.

1961.   Albert E. Sloman, *Calderón. La vida es sueño,* Manchester University Press, 2.ª ed., 1965. Reproducción muy cuidada de P introduciendo las correcciones necesarias de Z y VT, siempre justificadas en nota y con referencias a P2 y P3 no citadas por Buchanan.

1979.   Ángel J. Valbuena Briones, *Primera parte de comedias de don Pedro Calderón de la Barca,* Madrid, C.S.I.C. (Col. Clásicos Hispánicos), II, págs. 449-554. Base P con lecturas de Z y VT. Cita en nota algunos fragmentos de Z que no se encuentran en las otras ediciones, pero no todos. No contiene notas explicativas.

Para mi texto he tomado como base la edición facsímil de P preparada por Cruickshank y Varey, la he cotejado con el ejemplar de Z existente en la BNM y con Hartzenbusch (H), Krenkel, Buchanan (B), Sloman (S) y Valbuena Briones (VB). En pasajes dudosos trato de justificar mi preferencia. Además de las ediciones mencionadas he aprovechado para la solución de dudas textuales los trabajos siguientes:

William M. Whitby, Reseñas de las ediciones de Sloman y de Everett W. Hesse (Nueva York, 1961), en *HR,* 31 (1963), págs. 278-284.

D. W. Cruickshank, «The text of *La vida es sueño*», en *The Textual Criticism of Calderon's Comedias,* Londres, Gregg International Publishers y Tamesis Books, 1973, págs. 79-94.

Siglas

AC	*Anales Cervantinos.*
BAE	*Biblioteca de Autores Españoles.*
BH	*Bulletin Hispanique.*
BHS	*Bulletin of Hispanic Studies.*
BRAE	*Boletín de la Real Academia Española.*
DA	*Diccionario de Autoridades.*
HR	*Hispanic Review.*
MLN	*Modern Language Notes.*
RF	*Romanische Forschungen.*
RFE	*Revista de Filología Española.*
RomN	*Romance Notes.*
v.	*verso.*
vv.	*versos.*

Bibliografía

1. Para la biografía de Calderón (orden cronológico)

Pérez Pastor, Cristóbal, *Documentos para la biografía de D. Pedro Calderón de la Barca*, Madrid, Real Academia Española, 1905.

Alonso Cortés, Narciso, «Algunos datos relativos a D. Pedro Calderón de la Barca», *RFE*, 2 (1915), págs. 41-51.

Cotarelo y Mori, Emilio, *Ensayo sobre la vida y obras de D. Pedro Calderón de la Barca*, Madrid, Tipografía de la Revista de Archivos, 1924.

Juliá Martínez, Eduardo, «Calderón de la Barca en Toledo», *RFE*, 25 (1941), págs. 182-204.

Alonso Cortés, Narciso, «Genealogía de Calderón», *BRAE*, 31 (1951), págs. 299-309.

Wilson, Edward M., «Textos impresos y apenas utilizados para la biografía de Calderón», *Hispanófila*, 9 (1960), págs. 1-14.

2. Del ambiente ideológico

1569. *El Theatro del mundo de Pedro Buistuau, llamado Launay, en el cual ampliamente trata las miserias del hombre. Traduzido de lengua Francesa en la nuestra Castellana por el Maestro Baltasar Pérez del Castillo. Dirigido al Ilustrísimo y reverendísimo señor Don Fernando de Valdés, arçobispo de Sevilla y inquisidor mayor de Castilla. Y un breve discurso de la excelencia y dignidad del hombre. En Alcalá. En casa de Juan de Villanueva, MDLXIX*, Hispanic Society of America, Nueva York.

1595. RIVADENEIRA, Pedro de, S. J., *Tratado de religión y virtudes que debe tener el príncipe cristiano para gobernar y conservar sus estados, contra lo que Nicolás Maquiavelo los políticos deste tiempo enseñan,* BAE, vol. 60, págs. 449-587.

1599. MARIANA, Juan de, *Del rey y de la institución real,* BAE, vol. 31, págs. 463-576.

1603? ROJAS VILLANDRANDO, Agustín de, *El natural desdichado,* edición de James W. Crowell, Nueva York, Instituto de las Españas, 1939.

1604. SHAKESPEARE, William, *The Tragical History of Hamlet, Prince of Denmark,* edición de J. Dover Wilson, Cambridge, Cambridge University Press, 1936.

1605. *Somnium vitae humanae.* Ein Drama von Ludovicus Hollonius (Ludwig Holle), Hearusgegeben von Franz Spengler, Halle, Max Niemeyer Vlg., 1891.

1614. CABRERA DE CÓRDOBA, Luis, *Relaciones de las cosas sucedidas en la Corte de España desde 1599 a 1614,* Madrid, Martín Alegría, 1857.

1614 y ss. TIRSO DE MOLINA, *Obras dramáticas completas,* ed. crítica de Blanca de los Ríos, Madrid, Aguilar, 3 vols., 1962-1969. En las citas de Tirso los números romanos y arábigo unidos por guión después del título indican respectivamente el acto y la escena. Siguen en romanos y arábigos separados por coma el tomo y página de la edición de Ríos.

1628. PIÑA, Juan Izquierdo de, *Casos prodigiosos y cueva encantada,* edición de Emilio Cotarelo (Colección selecta de antiguas novelas españolas, 6), Madrid, Viuda de Rico, 1907.

1629. SUÁREZ DE MENDOZA Y FIGUEROA, Enrique, *Eustorgio y Clorilene, historia moscóvica.* Ejemplar en Hispanic Society of America, Nueva York.

1631. *Magnum Theatrum Vitae Humanae. Hoc est rerum divinarum humanarumque syntagma catholicum, philosophicum, historicism, dogmaticum.* Auctore Laurentio Beyerlinck, theologo, protonotario, canonico archipresbitero antuerpiensi, Coloniae Agrippinae, anno 1631. Ejemplar en John Olin Library, Cornell University.

1635. TIRSO DE MOLINA, *El bandolero* (historia incluida en *Deleytar aprovechando,* 1635), ed. de André Nougué, Madrid, Castalia, 1979.

1637. Anónimo, *La corte y monarquía de España en los años 1636 y 1637,* edición de A. Rodríguez Villa, Madrid, 1886.

1640. SAAVEDRA FAJARDO, Diego de, *República literaria,* edición de V. García de Diego, 2.ª ed., Madrid, Espasa-Calpe (Col. Clásicos Castellanos, vol. 46), 1956.

1640. GRACIÁN, Baltasar, *El político Don Fernando el Católico,* edición de Arturo del Hoyo, en *Obras completas de Baltasar Gracián,* 3.ª ed., Madrid, Aguilar, 1967, págs. 35-71.

1648. GRACIÁN, Baltasar, *Agudeza y arte de ingenio, ibíd.,* págs. 233-516.

3. LIBROS SOBRE CALDERÓN (ORDEN ALFABÉTICO)

AHMED, Uta, *Form und Funktion der 'Cuentos' in den Comedias Calderóns* (Hamburger Romanistische Studien. Calderoniana, 8), Berlín/Nueva York, Walter de Gruyter, 1974.

BANDERA, Cesáreo, *Mímesis conflictiva. Ficción literaria y violencia en Cervantes y Calderón,* Madrid, Gredos, 1975.

BODINI, Vittorio, *Segni e simboli nella «Vida es sueño». Dialettica elementare del dramma calderoniano,* Bari, Adriatica Editrice, 1968.

CARCARDI, Anthony, *The Limits of Illusion: A Critical Study of Calderón,* Cambridge, Cambridge University Press, 1984.

CILVETI, Ángel L., *El significado de «La vida es sueño»,* Valencia, Ediciones Albatros, 1971.

CRUICKSHANK, D. W. (ed.), *The Textual Criticism of Calderón's Comedias,* Londres, Gregg International y Tamesis Books, 1973.

DE ARMAS, Frederick A., *The Return of Astraea: An Astral-Imperial Myth in Calderon,* Lexington, Ky., The University of Kentucky Press, 1986.

FARINELLI, Arturo, *La vita è un sogno,* Turín, Bocca Editori, 1916, 2 vols.

FOX, Dian, *Kings in Calderón: A Study in Characterization and Political Theory,* Londres, Tamesis Books Limited, 1986.

FRANZBACH, Martin, *Untersuchungen zum Theater Calderóns in der europäischen Literatur vor der Romantik,* Munich, Wilhelm Fink Vlg., 1974.

FRUTOS, Eugenio, *La filosofía de Calderón en sus autos sacramentales,* Zaragoza, Institución Fernando el Católico (C.S.I.C.), 1952.

GARCÍA-BACCA, Juan D., *Introducción literaria a la filosofía,* Caracas, Publicaciones de la Universidad Central de Venezuela, 1964.

GUTIÉRREZ, Jesús, *La «Fortunata bifrons» en el teatro del Siglo de Oro,* Santander, Sociedad Menéndez Pelayo, 1975.

HILBORN, Harry W., *A Chronology of the Play of D. Pedro Calderón de la Barca,* Toronto, The University of Toronto Press, 1938.

HORST, Robert ter, *Calderón. The Secular Plays,* Lexington, Ky., The University of Kentucky Press, 1982.

KOMMERELL, Max, *Die Kunst Calderóns,* Frankfurt, Vittorio Klostermann, 1974.

MENÉNDEZ PELAYO, Marcelino, *Calderón y su teatro* (1881), 3.ª ed., Madrid, Imprenta A. Pérez Dubrull, 1885.

MORÓN ARROYO, Ciriaco, *Calderón. Pensamiento y teatro,* Santander, Sociedad Menéndez Pelayo, 1982.

MÚJICA, Bárbara, *Calderón's Characters: An Existential Point of View,* Barcelona, Puvill, 1980.

O'CONNOR, Thomas A., *Myth and Mythology in the Theater of Pedro Calderón de la Barca,* San Antonio, Tx, Trinity University Press, 1988.

OLMEDO, Félix G., *Las fuentes de «La vida es sueño»,* Madrid, Editorial Voluntad, 1928.

PALACIOS, Leopoldo E., *Don Quijote y «La vida es sueño»,* Madrid, Rialp, 1960.

PARKER, Alexander A., *The Mind and Art of Calderón: Essays on the Comedias,* ed. de Deborah Kong, Cambridge, Cambridge University Press, 1988.

REICHENBERGER, Kurt y Roswitha, *Handbuch der Calderón-Forschung,* Kassel, Vlg. Thie & Schwartz, t. I, 1979; t. III, 1981.

SHERGOLD, N. D. y VAREY, J. E., *Los autos sacramentales en Madrid en la época de Calderón, 1637-1681. Estudios y documentos,* Madrid, Edhigar, 1961.

SLOMAN, Albert E., *The Dramatic Craftsmanship of Calderón,* Oxford, The Dolphin Co., 1958.

SULLIVAN, Henry W., *Calderón in the German Lands and the Low Countries: His Reception and Influence, 1654-1980,* Cambridge, Cambridge University Press, 1983.

VALBUENA BRIONES, Ángel-Julián, *Perspectiva crítica de los dramas de Calderón,* Madrid, Rialp, 1965.

WILSON, Edward M. y SAGE, Jack, *Poesías líricas en las obras dramáticas de Calderón: citas y glosas,* Londres, Tamesis Books, 1962.

4. Colecciones de artículos sobre Calderón y su teatro

Durán, M. y González-Echevarría, Roberto, *Calderón y la crítica: historia y antología*, Madrid, Gredos, 1976.

Flasche, Hans, *Calderón de la Barca* (Wege der Forschung, 158), Darmstadt, Wissenschaftliche Buchgesellschaft, 1971.

— *Hacia Calderón. Coloquio anglogermano*, Exeter, 1969, Berlín, Walter de Gruyter, 1970.

— *Hacia Calderón. Segundo coloquio anglogermano*, Hamburgo, 1970 (Hamburger Romanistische Studien. Calderoniana, 7), Berlín/ Nueva York, Walter de Gruyter, 1973.

García Lorenzo, Luciano (ed.), *Calderón: Actas del Congreso Internacional sobre Calderón y el Teatro Español del Siglo de Oro*, Madrid, C.S.I.C., 1983.

Levy, K. y Ara, J., *Calderón and The Baroque Tradition*, Waterloo, Ontario, Wilfrid Laurier University Press, 1985.

McGaha, Michael D. (ed.), *Approaches to the Theater of Calderón*, Washington D. C., University Press of America, 1982.

Wardropper, Bruce W., *Critical Essays on the Theatre of Calderón*, Nueva York, New York University Press, 1965.

5. Artículos citados o de particular interés

Alonso, Dámaso, «La correlación en la estructura del teatro calderoniano», en Durán y González, págs. 388-454.

Ayala, Francisco, «Porque no sepas que sé», *ibíd.*, págs. 647-666.

Bandera, Cesáreo, «El itinerario de Segismundo en *La vida es sueño*», *HR*, 35 (1967), págs. 69-84.

— «El confuso abismo de *La vida es sueño*», en Durán y González, págs. 723-746.

Cancelliere, Enrica, «La torre e la spada. Per un'analisi de *La vida es sueño*», en *Quaderno*, núm. 8 (1979) (Universidad de Palermo, Facoltà di Lettere, Istituto di lingue e letterature straniere), págs. 43-110.

Casalduero, Joaquín, «Sentido y forma de *La vida es sueño*», en *Estudios sobre el teatro español*, Madrid, Gredos, 1962, págs. 161-184. Recogido en Durán y González, págs. 667-693.

CURTIUS, Ernst R., «Calderón und die Malerei», *RF,* 50 (1936), páginas 89-136.

DALE, George I., «Agustín de Rojas and *La vida es sueño*», *HR,* 2 (1934), págs. 319-326.

DE ARMAS, Frederick A., «The Apocalyptic Vision of *La vida es sueño:* Calderón and Edward Fitzgerald», *Comparative Literature Studies,* 23 (1986), págs. 119-140.

DUNN, Peter N., «Honour and the Christian background in Calderón», *BHS,* 37 (1960), págs. 75-105. Recogido en Wardropper, págs. 24-60.

FERRATER MORA, José, «El mundo de Calderón», en *El mundo del escritor,* Barcelona, Crítica, 1983, págs. 155-177.

GENDREAU MASSALOUS, Michele, «Rosaura en *La vida es sueño:* Significado de una dualidad», en García Lorenzo, págs. 1039-1048.

GERLI, E. Michael, «Forma interior y forma exterior del primer monólogo de Segismundo: la sistematización de la pasión», en García Lorenzo, págs. 1101-1108.

HALL, H. B., «Segismundo and the rebel soldier», *BHS,* 45 (1968), págs. 189-200.

— «Poetic justice in *La vida es sueño*», *BHS,* 46 (1969), págs. 128-131.

HATZFELD, Helmut, «Lo que es barroco en Calderón», en *Hacia Calderón,* 1973, págs. 35-49.

HEIPLE, Daniel, «The tradition behind the punishment of the rebel soldier in *La vida es sueño*», *BHS,* 50 (1973), págs. 1-17.

HESSE, Everett W., «Calderón's concept of the perfect prince in *La vida es sueño*», en Wandropper, págs. 114-133.

— «La dialéctica y el casuismo en Calderón», en Durán y González, págs. 563-581.

— «*La vida es sueño* and the Labyrinth of Illusion», en McGaha, págs. 95-103.

KNOKE, Ulrich, «Calderón's Drama *La vida es sueño* and seine Kritiker», *Romanistisches Jahrbuch,* 20 (1969), págs. 239-289.

LAPESA, Rafael, «Consideraciones sobre *La vida es sueño*», *BRAE,* 62 (1982), págs. 87-102.

MAY, T. E., «Segismundo and the Rebel Soldier (1970)», en *Wit of the Golden Age,* Kassel, Reichenberger, 1986, págs. 233-238.

— «Brutes and Stars in *La vida es sueño*» (1972), *ibíd.,* págs. 239-256.

— «Rosaura» (1980), *ibíd.,* págs. 257-259.

— «Clotaldo» (1984), *ibíd.,* págs. 260-269.

McGRADY, Donald, «Calderon's Rebel Soldier and Poetic Justice Reconsidered», *BHS,* 62 (1965), págs. 181-184.

MERRICK, C. A., «Clotaldo's role in *La vida es sueño*», *BHS,* 50 (1973), págs. 256-269.

MOIR, Duncan, «Las comedias regulares de Calderón: ¿unos amoríos con el sistema neoclásico?», en *Hacia Calderón,* 1973, págs. 61-70.

MOLHO, Maurice, «Remarques sur la symbolique calderoniènne (à propos de *La vida es sueño*)», *Cahiers de Fontenay,* 12 (1978), págs. 253-291.

MORÓN ARROYO, Ciriaco, *«La vida es sueño y El alcalde de Zalamea;* para una sociología del texto calderoniano», *Iberoromania,* 14 (1981), págs. 27-41.

— «La ironía de la escritura en Calderón», en K.-H. Körner y D. Briesemeister (eds.), *Aureum Saeculum Hispanicum: Beiträge zu Texten des Siglo de Oro* (Homenaje a Hans Flasche), Wiesbaden, Steiner Vlg., 1983, págs. 217-230.

PARKER, Alexander A., «Towards a definition of Calderonian tragedy», *BHS,* 39 (1962), págs. 222-237. Traducción española: «Hacia una definición de la tragedia calderoniana», en Durán y González, págs. 359-387.

— «Claderón's rebel soldier and poetic justice», *BHS,* 46 (1969), págs. 120-127.

— «Los amores y noviazgos clandestinos en el mundo dramático-social de Calderón», en *Hacia Calderón,* 1973, págs. 79-87.

— «Segismundo's Tower: A Calderonian Myth», *BHS,* 59 (1982), págs. 247-256. Recogido en *The Mind and Art of Calderón.*

PORQUERAS MAYO, A., «Más sobre Calderón: "Pues el delito mayor del hombre es haber nacido"», *Segismundo,* 1 (1965), págs. 275-299.

PRECHT, Raoul, «El conflicto padre-hijo en *La vida es sueño*», *Segismundo,* 43-44 (1986), págs. 133-177.

PRING-MILL, Robert, «Estructuras lógico-retóricas y sus resonancias: un discurso de *El príncipe constante*», en *Hacia Calderón,* 1973, págs. 109-154.

REICHENBERGER, Kurt, «Contornos de un cambio estilístico. Tránsito del manierismo literario al barroco en los dramas de Calderón», en *Hacia Calderón,* 1973, págs. 51-60.

REYES, Alfonso, «Un tema de *La vida es sueño*», *en Capítulos de literatura española,* México, 1945, págs. 11-18.

RUIZ LAGOS, M., «Una técnica dramática de Calderón», *Segismundo,* 2 (1966), págs. 91-104.

SAMONÀ, Carmelo, «Saggio di un commento a *La vida es sueño,* I, vv. 1-16», en *Studi di letteratura spagnola,* Roma, 1967, págs. 39-118.

SÁNCHEZ, Alberto, «Reminiscencias cervantinas en el teatro de Calderón», *AC,* 6 (1957), págs. 262-270.

SÁNCHEZ ESCRIBANO, F., «Sobre el origen de "El delito mayor del hombre es haber nacido"», *RomN,* 3 (1962), págs. 50-51.

SCHALK, Fritz, «*Somnium* und verwandte Wörter in den romanischen Sprachen», en *Exempla romanucher Wortgeschichte,* Frankfurt/M., 1966, págs. 295-337.

SCHEVILL, Rudolph, *«Virtudes vencen señales* and *La vida es sueño»,* HR, 1 (1933), págs. 181-195.

SCIACCA, Michele Federico, «Verdad y sueño en *La vida es sueño»,* en Durán y González, págs. 541-562.

SHERGOLD, N. D. y VAREY, J. E., «Some early Calderón dates», *BHS,* 38 (1961), págs. 274-286.

SOONS, Alan, «La figura de Astrea en Calderón», en K. Levy y J. Ara, págs. 23-32.

STURM, Harlarn G., «From Plato's cave to Segismundo's prison: the four levels of reality and experience», *MLN,* 89 (1974), páginas 280-289.

TORRE, Rogelio A. de la, «El tratamiento del soberano en *La vida es sueño»,* en García Lorenzo, págs. 649-660.

VAN PRAAG, J. A., «Eustorgio y Clorilene, Historia moscóvica (1629)», *BH,* 41 (1939), págs. 236-265.

— «Una fuente de *La vida es sueño* de Calderón», *Neophilologus,* 25 (1941), págs. 250-251.

— «Otra vez la fuente de *La vida es sueño»,* en *Homenaje a Dámaso Alonso,* III, Madrid, Gredos, 1963, págs. 551-562.

VAREY, John E., «Cavemen in Calderon (and some Cavewomen)», en M. McGaha, págs. 231-247.

WILSON, Edward M., «Los cuatro elementos en la imaginería de Calderón», en Durán y González, págs. 277-299.

— *«La vida es sueño», ibíd.,* págs. 300-328.

YNDURÁIN, Domingo, «El gran teatro de Calderón y el mundo del siglo XVII», *Segismundo,* 10 (1974), págs. 17-71.

— *«La vida es sueño:* doctrina y mito», *Segismundo,* 41-42 (1985), págs. 99-126.

La vida es sueño

Comedia famosa de D. Pedro Calderón de la Barca

Personas que hablan en ella:

ROSAURA, dama.
SEGISMUNDO, Príncipe.
CLOTALDO, viejo.
ESTRELLA, Infanta.
SOLDADOS.
CRIADOS.

CLARÍN, gracioso.
BASILIO, Rey.
ASTOLFO, Príncipe.
GUARDAS.
MÚSICOS.

JORNADA PRIMERA

(Sale en lo alto de un monte ROSAURA *en hábito de hombre de camino, y en representando los primeros versos va bajando.)*

ROSAURA.   Hipogrifo violento,
que corriste parejas con el viento,
¿adónde, rayo sin llama,
pájaro sin matiz, pez sin escama,
y bruto sin instinto   5
natural, al confuso laberinto
desas desnudas peñas
te desbocas, te arrastras y despeñas?
     Quédate en este monte,
donde tengan los brutos su Faetonte;   10

1-10. Hipogrifo-Faetonte. Hipogrifo: «animal fabuloso, que fingen tener alas, y ser la mitad caballa, y la otra mitad grypho» *(DA)*. Grypho: «animal fabuloso, que fingen tener la parte superior de águila, y la inferior de león» *(ibíd.)*. El hipogrifo es invención de Ariosto *(Orlando furioso,* 4, 18) (Krenkel). Además del simbolismo de las dos naturalezas que se repelen (violento), Calderón le llama hipogrifo por el aderezo: «Un volante que al sol / le vuelve otro sol de plata, / lleno de viento que deja, / le va sirviendo de alas» *(Amor, honor y poder,* I, 2, BAE, 7, 367b). Faetonte: hijo del sol que, conduciendo por un día el carro de su padre, chocó con la tierra y se despeñó en el mar. Calderón escribió *El hijo del sol, Faetón.* ¿En qué sentido es el caballo Faetón? 1. En el sentido de que se despeña (cfr. *Amor, honor y poder,* esc. I, y el estudio de A. Valbuena Briones, *Perspectiva crítica,* págs. 35-53). 2. El caballo desbocado es el cuerpo humano, vehículo de la pasión frente al alma racional (cfr. *La vida es sueño,* auto, que es útil en este caso). Todas las cosas fueron creadas para servicio de Faetón, que es el hombre. 3. Faetón es un príncipe sin educar: «Está colocado el príncipe en la cumbre de las sociedades para que aparezca como una especie de deidad, como un héroe bajado del cielo, superior a la

que yo, sin más camino
que el que me dan las leyes del destino,
   ciega y desesperada
bajaré la cabeza enmarañada
   deste monte eminente   15
que abrasa al sol el ceño de la frente.
   Mal, Polonia, recibes
a un extranjero, pues con sangre escribes
   su entrada en tus arenas,
y apenas llega, cuando llega a penas.   20
   Bien mi suerte lo dice;
mas ¿dónde halló piedad un infelice?

(Sale CLARÍN, *gracioso.)*

CLARÍN.   Di dos, y no me dejes
en la posada a mí cuando te quejes;
   que si dos hemos sido   25
los que de nuestra patria hemos salido
   a probar aventuras;
dos los que entre desdichas y locuras
   aquí habemos llegado,
y dos los que del monte hemos rodado,   30
   ¿no es razón que yo sienta
meterme en el pesar y no en la cuenta?

---

naturaleza de los demás mortales» (Mariana, *op. cit.*, pág. 501a). *Violento* es el signo central de *La vida es sueño* (a partir de ahora *VS* en las notas). El término tiene en la escolástica el sentido preciso de carácter opuesto a la esencia de un ser. Rosaura es mujer-hombre; Segismundo hombre-fiera; Basilio, rey-astrólogo. Estas instancias de contrariedad producen la guerra, que se resuelve en v. 3304 cuando triunfa la prudencia. El mismo significado en Tirso: «violento en mi reino estás» *(Los lagos de San Vicente*, II-1, 11, 27a).

   14. Cfr. 745 Guarnición tosca de este escollo duro
               troncos robustos son, a cuya greña
               menos luz debe, menos aire puro
               la caverna profunda que a la peña

                                (Góngora, *Polifemo*, vv. 33-36).

   16. VT, Krenkel, «arruga». La alusión a Faetón nos hace preferir «abrasa» con P, S, V.

82

ROSAURA.	No quise darte parte	
	en mis quejas, Clarín, por no quitarte,	
	llorando tu desvelo,	35
	el derecho que tienes al consuelo;	
	que tanto gusto había	
	en quejarse, un filósofo decía,	
	que, a trueco de quejarse,	
	habían las desdichas de buscarse.	40
CLARÍN.	El filósofo era	
	un borracho barbón; ¡oh, quién le diera	
	más de mil bofetadas!	
	Quejárase después de muy bien dadas.	
	Mas, ¿qué haremos, señora,	45
	a pie, solos, perdidos y a esta hora,	
	en un desierto monte	
	cuando se parte el sol a otro horizonte?	
ROSAURA.	¿Quién ha visto sucesos tan extraños?	
	Mas, si la vista no padece engaños	50
	que hace la fantasia,	
	a la medrosa luz que aún tiene el día	
	me parece que veo	
	un edificio.	
CLARÍN.	O miente mi deseo,	
	o termino las señas.	55

33-40. VT corrigió el verso para evitar la rima interna; pero esa rima es un ejemplo del virtuosismo calderoniano. No he dado con el filósofo «borracho barbón», padre de esa idea. «Ve y aquí pensar me deja / si es cierto o no el refrán sabio / de que se duerme el agravio, / al conjuro de la queja» *(Cuál es mayor perfección,* III, 3, BAE, 7, 86a).

52. Vencida al fin la cumbre
con pie ya más seguro
declina al vacilante
breve esplendor de mal distinta lumbre:
farol de una cabaña
que sobre el cielo está, en aquel incierto
golfo de sombras anunciando el puerto
(Góngora, *Soledades,* I, vv. 55-61).

54-55. «O ya, conforme creo / quimérico te engañe tu deseo» (Tirso, *Los lagos de San Vicente,* III-2, 11, 42b). «Termino» equivale a confirmo, yo también lo veo.

ROSAURA.	Rústico nace entre desnudas peñas
	un palacio tan breve,
	que el sol apenas a mirar se atreve.
	Con tan rudo artificio
	la arquitectura está de su edificio, 60
	que parece, a las plantas
	de tantas rocas y de peñas tantas
	que al sol tocan la lumbre,
	peñasco que ha rodado de la cumbre.
CLARÍN.	Vámonos acercando, 65
	que éste es mucho mirar, señora, cuando
	es mejor que la gente
	que habita en ella, generosamente
	nos admita.
ROSAURA.	La puerta,
	mejor diré funesta boca, abierta 70
	está, y desde su centro
	nace la noche, pues la engendra dentro.

(Suena ruido de cadenas.)

CLARÍN.	¡Qué es lo que escucho, cielo!
ROSAURA.	Inmóvil bulto soy de fuego y hielo.
CLARÍN.	Cadenita hay que suena, 75
	mátenme, si no es galeote en pena;
	bien mi temor lo dice.

---

68. *Ella* concuerda con torre, palabra no empleada todavía. A Calderón se le impuso en este momento la estructura total de la obra. El lector, para entender ese pronombre, debe conocer por lo menos el v. 83, donde se menciona por vez primera la «encantada torre». Leer es, pues, leer dos veces, es decir, estudiar. Aunque lo más probable es que Calderón escribiera «una torre tan breve», en v. 57, como tiene Z. Cfr. Cruickshank, pág. 88.

70-72. Caliginoso lecho el seno oscuro
ser de la negra noche nos lo enseña
infame turba de nocturnas aves,
gimiendo tristes y volando graves *(Polifemo,* vv. 37-40).

[ESCENA II]

(Dentro SEGISMUNDO.)

SEGISM.	¡Ay, mísero de mí, ay, infelice!
ROSAURA.	¿Qué triste voz escucho?

Con nuevas penas y tormentos lucho.   80

CLARÍN.	Yo con nuevos temores.
ROSAURA.	¡Clarín!
CLARÍN.	¡Señora!
ROSAURA.	Huigamos los rigores

desta encantada torre.

CLARÍN.   Yo aún no tengo
ánimo de huir, cuando a eso vengo.

ROSAURA.   ¿No es breve luz aquella   85
caduca exhalación, pálida estrella,
que en trémulos desmayos,
pulsando ardores y latiendo rayos,
hace más tenebrosa
la obscura habitación con luz dudosa?   90
Sí, pues a sus reflejos
puedo determinar, aunque de lejos,
una prisión obscura,
que es de un vivo cadáver sepultura.
Y porque más me asombre,   95
en el traje de fiera yace un hombre
de prisiones cargado
y sólo de la luz acompañado.
Pues huir no podemos,
desde aquí sus desdichas escuchemos,   100
sepamos lo que dice.

80-81. Rosaura, señora, lucha con penas y tormentos; Clarín, criado, con
el miedo (v. 84). Clarín es aquí Sancho Panza. Evocación del *Quijote* en vv. 27,
80-81 y 83 («encantada torre»).

90. «Pisando la dudosa luz del día» *(Polifemo,* v. 72).

(Descúbrese SEGISMUNDO *con una cadena y la luz, vestido de pieles.)*

SEGISM.	¡Ay, mísero de mí, ay, infelice!	
	Apurar, cielos, pretendo,	
	ya que me tratáis así,	
	qué delito cometí	105
	contra vosotros, naciendo.	
	Aunque si nací, ya entiendo	
	qué delito he cometido:	
	bastante causa ha tenido	
	vuestra justicia y rigor,	110
	pues el delito mayor	
	del hombre es haber nacido.	
	Sólo quisiera saber	
	para apurar mis desvelos	
	dejando a una parte, cielos,	115
	el delito de nacer,	
	qué más os pude ofender	
	para castigarme más.	
	¿No nacieron los demás?	
	Pues si los demás nacieron,	120
	¿qué privilegios tuvieron	
	que yo no gocé jamás?	
	Nace el ave, y con las galas	
	que le dan belleza suma,	
	apenas es flor de pluma	125
	o ramillete con alas,	
	cuando las etéreas salas	

---

111. Valbuena Briones cita como posible fuente una frase de Séneca en *De beneficiis (Perspectiva crítica...,* págs. 31 y 168). Pero la frase habla de la *desgracia* no del *delito* de nacer. El artículo de Porqueras Mayo, que comienza con el libro de Job, confunde también la *desgracia* con el *delito.* Calderón distingue *delito, desgracia* (cfr. v. 644), *achaque de nacer (El príncipe constante,* III, 8, BAE, 7, 259c; Elegía a la muerte de Montalván: «Aunque nuestro humano ser, / en llegándose a adquirir, / nace sujeto a morir / del achaque de nacer», ed. Felipe Picatoste, Madrid, 1899, pág. 47). De ahí sólo hay un paso al *delito* de nacer, basado probablemente en Séneca: «Si mortuum tibi filium doles, ejus temporis quo natus est *crimen* est: mors enim illi denunciata nascenti est» (Séneca, *De consolatione ad Marciam,* X, 5). «Nulli contingit impune nasci» *(ibíd.,* XV, 1).

corta con velocidad,
negándose a la piedad
del nido que deja en calma;   130
¿y teniendo yo más alma,
tengo menos libertad?

Nace el bruto, y con la piel
que dibujan manchas bellas,
apenas signo es de estrellas,   135
gracias al docto pincel,
cuando atrevida y cruel
la humana necesidad
le enseña a tener crueldad,
monstruo de su laberinto;   140
¿y yo, con mejor distinto,
tengo menos libertad?

Nace el pez, que no respira,
aborto de ovas y lamas,
y apenas, bajel de escamas,   145
sobre las ondas se mira,
cuando a todas partes gira,
midiendo la inmensidad
de tanta capacidad

---

129. «Piedad» es un signo fundamental de *VS* (hasta notar su frecuencia).
Tiene dos sentidos básicos: 1) Virtud que regula las relaciones entre padres e
hijos (v. 2500). Cuando el pájaro se libera deja el paraíso «piadoso» de la familia. 2) Misericordia en oposición a rigor.

137. P y la mayoría de editores dicen «atrevido». T. E. May sugirió «atrevida», rimando con humana necesidad (May, *op. cit.*, pág. 242). Lo acepta
Cruickshank *(Textual Criticism*, págs. 82-83), y parece lo único razonable. El
hombre hace cruel al animal cuando le acosa para satisfacer sus necesidades:
«Ponderemos, dice Plinio, un poco, cómo es forzado el hombre a cubrir y
abrigar sus carnes a costa de los otros animales a los cuales naturaleza con
larga mano y liberalmente proveyó de todo lo necesario» (Boaistuau, *op. cit.*,
folio 20v).

144. «Cierto género de hierba muy ligera, que se cría en la mar y en los
ríos, que la misma agua arranca, y por su liviandad anda nadando sobre ella»
(DA). «Se toma también por lo mismo que huevas» *(DA)*. Probablemente
debamos entenderlo en los dos sentidos, aunque la copulativa con lamas
hace más obvio el primero. «Ovas y lamas» acentúa el medio deleznable en
que nace el pez. Lamas «se llama cierto género de excremento que cría el
agua... y forma una especie de tela o nata» *(DA)*.

87

como le da el centro frío; 150
¿y yo, con más albedrío,
tengo menos libertad?
    Nace el arroyo, culebra
que entre flores se desata,
y apenas, sierpe de plata, 155
entre las flores se quiebra,
cuando músico celebra
de los cielos la piedad,
que le dan la majestad
del campo abierto a su ida; 160
¿y teniendo yo más vida
tengo menos libertad?
    En llegando a esta pasión,
un volcán, un Etna hecho,
quisiera sacar del pecho 165
pedazos del corazón.
¿Qué ley, justicia o razón,
negar a los hombres sabe
privilegio tan süave,
excepción tan principal, 170
que Dios le ha dado a un cristal,
a un pez, a un bruto y a un ave?

ROSAURA.   Temor y piedad en mí
sus razones han causado.

SEGISM.   ¿Quién mis voces ha escuchado? 175
¿Es Clotaldo?

CLARÍN.   Di que sí.

ROSAURA. No es sino un triste (¡ay de mí!),
que en estas bóvedas frías
oyó tus melancolías.

(Ásela.)

158-160. P, S y V «de las flores la piedad / que le dan la majestad, / el campo abierto a su ida». ¿Las flores le dan al arroyo majestad y esa majestad es el campo? ¿Las flores son piadosas? Sigo Z. El sentido es que apenas el arroyo nace, ya responde con su cantar a la piedad de los cielos que le dan la majestad del campo abierto para su carrera.

SEGISM.	Pues la muerte te daré,	180
	porque no sepas que sé	
	que sabes flaquezas mías.	
	Sólo porque me has oído,	
	entre mis membrudos brazos	
	te tengo de hacer pedazos.	185
CLARÍN.	Yo soy sordo, y no he podido	
	escucharte.	
ROSAURA.	Si has nacido	
	humano, baste el postrarme	
	a tus pies para librarme.	
SEGISM.	Tu voz pudo enternecerme,	190
	tu presencia suspenderme,	
	y tu respeto turbarme.	
	¿Quién eres? que aunque yo aquí	
	tan poco del mundo sé	
	—que cuna y sepulcro fue	195
	esta torre para mí—;	
	y aunque desde que nací,	
	si esto es nacer, sólo advierto	
	este rústico desierto	
	donde miserable vivo,	200
	siendo un esqueleto vivo,	
	siendo un animado muerto;	
	y aunque nunca vi ni hablé	
	sino a un hombre solamente	
	que aquí mis desdichas siente,	205

---

181. Magnífica pirotecnia tan retorcida como el código del honor. «No quiero / más de que sepas que sé / tus liviandades» *(El mágico prodigioso,* II, v. 1516). «Muere, infeliz, pues mi desdicha viste» *(Amor, honor y poder,* II, esc. 15, BAE, 7, 379a). El tener flaquezas es ya deshonor. El deshonor es mayor si otros conocen las flaquezas, porque se pierde la fama. Enterarme de que no tengo buena fama es un tercer paso más grave; y lo intolerable es que el otro sepa (porque no sepas) que yo puedo aceptar (que sé) el vivir con la fama perdida (que sabes flaquezas mías).

190. La belleza, aunque Rosaura todavía parece varón, comienza a civilizar (humanizar) a Segismundo. Al mismo tiempo, el autor y su público saben por el v. 66 que Rosaura es mujer. Fundado el autor en lo que ya sabe el auditorio, pone en boca de Segismundo un poema que conjuga el lenguaje tradicional del amor cortés y platónico entre hombre y mujer.

por quien las noticias sé
de cielo y tierra; y aunque
aquí, porque más te asombres
y monstruo humano me nombres,
entre asombros y quimeras,   210
soy un hombre de las fieras
y una fiera de los hombres.

   Y aunque en desdichas tan graves
la política he estudiado
de los brutos enseñado,   215
advertido de las aves;
y de los astros süaves
los círculos he medido:
tú sólo, tú, has suspendido
la pasión a mis enojos,   220
la suspensión a mis ojos,
la admiración al oído.

   Con cada vez que te veo
nueva admiración me das,
y cuando te miro más,   225
aún más mirarte deseo.
Ojos hidrópicos creo
que mis ojos deben ser,
pues cuando es muerte el beber
beben más, y desta suerte,   230
viendo que el ver me da muerte
estoy muriendo por ver.

   Pero véate yo y muera,
que no sé, rendido ya,
si el verte muerte me da,   235
el no verte qué me diera.
Fuera más que muerte fiera,
ira, rabia y dolor fuerte;
fuera muerte, desta suerte

_____

223-242. Dos décimas poéticamente maravillosas. Los retruécanos cortesanos del siglo XV se han hecho poesía popular en los siglos XVI YXVII.
   239. Krenkel corrigió las ediciones antiguas y escribió «vida». Sloman res-
peta P (muerte) aunque le parece preferible la lectura de Krenkel. Yo creo que
es «muerte». La frase significa: «para encarecer lo malo de la muerte no hay

su rigor he ponderado,   240
pues dar vida a un desdichado
es dar a un dichoso muerte.

ROSAURA.   Con asombro de mirarte,
con admiración de oírte,
ni sé qué pueda decirte,   245
ni qué pueda preguntarte.
Sólo diré que a esta parte
hoy el cielo me ha guiado
para haberme consolado,
si consuelo puede ser   250
del que es desdichado, ver
a otro que es más desdichado.
    Cuentan de un sabio, que un día
tan pobre y mísero estaba,
que sólo se sustentaba   255
de unas yerbas que cogía.
¿habrá otro, entre sí decía,
más pobre y triste que yo?

---

mejor palabra que la misma palabra muerte». Y darle a uno vida desdichada, es como darle muerte. El término va bien con la orgía de rimas internas que contienen los versos. «Que no es piedad el dejar / a un desdichado con vida» *(El alcalde de Zalamea,* III, esc. 2, vv. 69-70). Véase Monique Joly, «À propos d'une leçon erronée de *VS»*, *Les Langues Neolatines,* 59 (1965), págs. 69-72. Cfr. «Es la desdicha menor / morir para un desdichado» (Tirso, *Habladme en entrando,* II-5, III, 1228a).

249. Cfr. v. 2669. Hoy diríamos «para consolarme». Haberme consolado es lo mismo, pero da la acción de consolar como ya terminada. El consuelo está conseguido.

253-262. Los editores relacionan esta historia con la X del Conde Lucanor: «De lo que contescio a un omne que por pobreza et mengua de otra vianda comía atramuzes». En Beyerlinck encuentro el siguiente texto: «Diogenes, desertus ab omnibus hominibus, solus relinquebatur, cum neque propter egestatem ipse quenquam reciperet, neque ipsum hospitio quisquam acciperet. Omnibus enim invisa erat ejus in reprehendendo acrimonia, deinde in agenda loquendoque acerbitas. Proinde, tristia plenus, summas foliorum extremitates manducabat. Illae enim suppetebant, quonimus fame periret. Mus vero accedens, decidentibus frustulis vescebatur. Diogenes igitur, cum diligentes rem inspectasset, subridens, animoque recepto, 'mus hic, inquit, nihil indiget Atheniensium lautitia. Et quid tu, o Diogenes, aegre fers te cum Atheniensibus non coenare?'» *(Theatrum vitae humanae,* VI, 112 H).

Y cuando el rostro volvió,
halló la respuesta, viendo   260
que iba otro sabio cogiendo
las hojas que él arrojó.

  Quejoso de la fortuna
yo en este mundo vivía,
y cuando entre mí decía: 265
¿habrá otra persona alguna
de suerte más importuna?
piadoso me has respondido,
pues volviendo en mi sentido
hallo que las penas mías   270
para hacerlas tú alegrías
las hubieras recogido.

  Y por si acaso, mis penas
pueden aliviarte en parte,
óyelas atento, y toma   275
las que dellas me sobraren.
Yo soy...

[ESCENA III]

(Dentro CLOTALDO.*)*

CLOTALDO.   ¡Guardas desta torre
que, dormidas o cobardes,
disteis paso a dos personas
que han quebrantado la cárcel!   280
ROSAURA. ¡Nueva confusión padezco!
SEGISM.   Éste es Clotaldo, mi alcaide,
aún no acaban mis desdichas.

(Dentro.)

CLOTALDO. ¡Acudid, y vigilantes,
sin que puedan defenderse,   285
o prendeldes, o mataldes!

(Dentro todos.)

¡Traición!

CLARÍN.　　　　　Guardas desta torre,
que entrar aquí nos dejasteis,
pues que nos dais a escoger.
el prendernos es más fácil.　　　　　　　　290

(Sale CLOTALDO *con escopeta, y soldados, todos con los rostros
cubiertos.)*

CLOTALDO.　Todos os cubrid los rostros,
que es diligencia importante,
mientras estamos aquí,
que no nos conozca nadie.

CLARÍN.　　¿Enmascaraditos hay?　　　　　　295

CLOTALDO.　Oh vosotros, que ignorantes,
de aqueste vedado sitio
coto y término pasasteis
contra el decreto del rey
que manda que no ose nadie　　　　　　　300
examinar el prodigio
que entre estos peñascos yace:
rendid las armas y vidas,
o aquesta pistola, áspid
de metal, escupirá　　　　　　　　　　305
el veneno penetrante
de dos balas, cuyo fuego
será escándalo del aire.

SEGISM.　　Primero, tirano dueño,
que los ofendas y agravies,　　　　　　310
será mi vida despojo
destos lazos miserables,
pues en ellos, vive Dios,
tengo de despedazarme

---

309 y ss. Entre v. 108 en que Segismundo quería matar a los huéspedes y
este en que los defiende, se ha dado una honda transformación en Segismundo aunque todavía luchen después en él la pasión y la razón.

	con las manos, con los dientes,	315
	entre aquestas peñas, antes	
	que su desdicha consienta	
	y que llore sus ultrajes.	
CLOTALDO.	Si sabes que tus desdichas,	
	Segismundo, son tan grandes,	320
	que antes de nacer moriste	
	por ley del cielo; si sabes	
	que aquestas prisiones son	
	de tus furias arrogantes	
	un freno que las detenga	225
	y una rienda que las pare,	
	¿por qué blasonas? La puerta	
	cerrad desa estrecha cárcel;	
	escondelde en ella.	

(Ciérranle la puerta y dice dentro.)

SEGISM.	¡Ah, cielos!	
	¡Qué bien hacéis en quitarme	330
	la libertad!, porque fuera	
	contra vosotros gigante	
	que, para quebrar al sol	
	esos vidrios y cristales,	
	sobre cimientos de piedra	335
	pusiera montes de jaspe.	

319-326. Segismundo sabe que está preso por un delito relacionado con su nacimiento, pero desconoce su condición de príncipe que le es revelada en vv. 1275-1276. El primer monólogo: «Apurar cielos pretendo...» expresa el deseo de saber plenamente lo que conoce de manera vaga. Esa vaguedad está documentada en vv. 337-338.

332-336. «Nembrot, el primer tirano que ocupó la tierra, emprendió para fortificarse y extenuar a sus súbditos la construcción de una torre elevadísima, imponente por sus cimientos y aún más imponente por su mole, torre que pudo dar muy bien lugar a la fábula de los griegos, según los cuales, deseando los gigantes destronar del cielo a Júpiter, amontonaron montes sobre montes en Flegra, campo de Macedonia» (Mariana, *op. cit.*, pág. 479a). En v. 332 Z dice «contra nosotros», clara errata. En cambio en los vv. 333-334 parece contener un texto con mejor sentido que P. Z dice: «que para quebrar del cielo / esos azules cristales».

CLOTALDO.	Quizá, porque no los pongas hoy padeces tantos males.	

[ESCENA IV]

ROSAURA.	Ya que vi que la soberbia	
	te ofendió tanto, ignorante	340
	fuera en no pedirte humilde	
	vida que a tus plantas yace.	
	Muévate en mí la piedad,	
	que será rigor notable	
	que no hallen favor en ti	345
	ni soberbias ni humildades.	
CLARÍN.	Y si humildad y soberbia	
	no te obligan, personajes	
	que han movido y removido	
	mil autos sacramentales,	350
	yo, ni humilde ni soberbio,	
	sino entre las dos mitades	
	entreverado, te pido	
	que nos remedies y ampares.	
CLOTALDO.	¡Hola!	
CLARÍN.	¡Señor!	
CLOTALDO.	A los dos	355
	quitad las armas, y ataldes	
	los ojos, porque no vean	
	cómo ni de dónde salen.	
ROSAURA.	Mi espada es ésta, que a ti	
	solamente ha de entregarse,	360
	porque, al fin, de todos eres	
	el principal y no sabe	
	rendirse a menos valor.	

---

343. Piedad/rigor. Cfr. vv. 461, 504, 818. Ese par de términos es muy frecuente en Cervantes, Lope y Calderón. La clemencia (o piedad en ese sentido) era un adorno de la justicia. En la administración de la justicia los reyes debían distinguirse por la clemencia/piedad, más que por el rigor.

CLARÍN.	La mía es tal que puede darse	
	al más ruin: tomalda vos.	365
ROSAURA.	Y si he de morir, dejarte	
	quiero, en fe desta piedad,	
	prenda que pudo estimarse	
	por el dueño que algún día	
	se la ciñó; que la guardes	370
	te encargo, porque aunque yo	
	no sé qué secreto alcance,	
	sé que esta dorada espada	
	encierra misterios grandes,	
	pues sólo fiado en ella	375
	vengo a Polonia a vengarme	
	de un agravio.	
CLOTALDO.	¡Santos cielos!	
	¿Qué es esto? Ya son más graves	
	mis penas y confusiones,	
	mis ansias y mis pesares.	380
	¿Quién te la dio?	
ROSAURA.	Una mujer.	
CLOTALDO.	¿Cómo se llama?	
ROSAURA.	Que calle	
	su nombre es fuerza.	
CLOTALDO.	¿De qué	
	infieres agora o sabes	
	que hay secreto en esta espada?	385
ROSAURA.	Quien me la dio, dijo: «Parte	
	a Polonia, y solicita	
	con ingenio, estudio o arte,	
	que te vean esa espada	
	los nobles y principales,	390
	que yo sé que alguno dellos	
	te favorezca y ampare»;	
	que, por si acaso era muerto,	
	no quiso entonces nombrarle.	
CLOTALDO.	¡Válgame el cielo! ¿Qué escucho?	395

---

395. Clotaldo no puede creer a sus ojos. No sabe si es realidad o sueño lo
que ve. Sueño en estos momentos tiene sentido existencial, pregunta por el

Aún no sé determinarme
si tales sucesos son
ilusiones o verdades.
Esta espada es la que yo
dejé a la hermosa Violante   400
por señas que el que ceñida
la trujera, había de hallarme
amoroso como hijo
y piadoso como padre.

 Pues ¿qué he de hacer (¡ay de mí!)   405
en confusión semejante,
si quien la trae por favor,
para su muerte la trae,
pues que sentenciado a muerte
llega a mis pies? ¡Qué notable   410
confusión, qué triste hado,
qué suerte tan inconstante!
Éste es mi hijo, y las señas
dicen bien con las señales
del corazón, que por verle   415
llama al pecho, y en él bate
las alas, y no pudiendo
romper los candados, hace
lo que aquel que está encerrado
y oyendo ruido en la calle   420
se asoma por la ventana.
Y él así, como no sabe
lo que pasa, y oye el ruido,
va a los ojos a asomarse,
que son ventanas del pecho   425

---

grado de comprensión de nuestro propio yo que podemos alcanzar. Todos
los personajes principales de *VS* pasan por esa experiencia, obsesión también
de Shakespeare en las comedias y en *Hamlet*.

413. La naturaleza revela el parentesco con un amor previo al testimonio
del entendimiento. Véase C. Morón, *Calderón. Pensamiento y teatro,* Santander, Sociedad Menéndez Pelayo, 1982, págs. 142-149.

421. P y S «se arroja». Es difícil pensar que un preso pueda arrojarse por la
ventana. Por otra parte, la correlación con v. 424 impone pensar que Calderón escribió «se asoma» en v. 421.

por donde en lágrimas sale.
¿Qué he de hacer? ¡Válgame el cielo!
¿Qué he de hacer? Porque llevarle
al rey es llevarle, ¡ay triste!,
a morir. Pues ocultarle   430
al rey no puedo, conforme
a la ley del homenaje.
De una parte el amor propio
y la lealtad de otra parte
me rinden. Pero ¿qué dudo?   435
¿La lealtad del rey no es antes
que la vida y que el amor?
Pues ella viva y él falte.
Fuera de que, si aora atiendo
a que dijo que a vengarse   440
viene de un agravio, hombre
que está agraviado es infame.
¡No es mi hijo, no es mi hijo
ni tiene mi noble sangre!
Pero si ya ha sucedido   445
un peligro, de quien nadie
se libró, porque el honor
es de materia tan fácil
que con una acción se quiebra
o se mancha con un aire,   450
¿qué más puede hacer, qué más,
el que es noble, de su parte,

---

426. Rodeo agudo y conceptuoso para expresar el llanto.

437-439. Todas las ediciones antiguas y modernas tienen «honor» en v. 437.
Pero esa palabra va contra una de las ideas más explícitas de Calderón, expre-
sada en los famosos versos de *El alcalde Zalamea*: «Al rey la hacienda y la vida
/ se ha de dar, pero el honor / es patrimonio del alma / y el alma sólo es de
Dios» (I, vv. 873-876). Cfr. *VS*, vv. 954-956 y 2637 («todo mi honor lo atropella»). El hombre sin honor no tiene vida (v. 904), es infame (v. 442). La lealtad
al rey es más que la vida, pero no más que el honor. El contexto sugiere: «ella
(la lealtad) viva/y él (el amor) falte», es decir, quede postergado. «Amor propio» aquí es el amor al hijo, interés privado, que debe ceder al interés del bien
común (lealtad al rey). En v. 729 «amor propio» tiene el sentido moral de
vanidad y egocentrismo.

que a costa de tantos riesgos
haber venido a buscarle?
¡Mi hijo es, mi sangre tiene,   455
pues tiene valor tan grande!
Y así entre una y otra duda,
el medio más importante
es irme al rey y decirle
que es mi hijo, y que le mate.   460
Quizá la misma piedad
de mi honor podrá obligarle;
y si le merezco vivo,
yo le ayudaré a vengarse
de su agravio; mas si el rey,   465
en sus rigores constante,
le da muerte, morirá
sin saber que soy su padre.
Venid conmigo, extranjeros;
no temáis, no, de que os falte   470
compañía en las desdichas;
pues en duda semejante
de vivir o de morir,
no sé cuales son más grandes.

(Vanse.)

[ESCENA V]

(Sale por una parte ASTOLFO *con acompañamiento de soldados, y
por otra* ESTRELLA *con damas. Suena música.)*

ASTOLFO.   Bien al ver los excelentes   475
                  rayos, que fueron cometas,

---

460. Cfr. v. 3271: «Que es mi hija, y esto basta.» La historia de Rosaura se
abre con una contradicción violenta (hijo/mate) y termina en paz tranquila
(hija/basta). La relación del v. 460 con la teoría del honor está más explicada
en *Amor, honor y poder,* jornada II.
474. Cuales desdichas. El dilema se da entre la desdicha de morir que
caerá sobre los presos y la de seguir viviendo, que será la de Clotaldo.
475-476. El enfrentamiento entre el ejército de cortesanos y el de damas es
un ingenioso espectáculo teatral dentro del teatro. Contrasta con los ejércitos

```
                mezclan salvas diferentes
                las cajas y las trompetas,
                los pájaros y las fuentes;
                    siendo con música igual,                        480
                y con maravilla suma
                a tu vista celestial
                unos, clarines de pluma,
                y otras, aves de metal.
                    Y así os saludan, señora,                       485
                como a su reina las balas,
                los pájaros como a Aurora,
                las trompetas como a Palas
                y las flores como a Flora.
                    Porque sois, burlando el día                    490
                que ya la noche destierra,
                Aurora en el alegría,
                Flora en paz, Palas en guerra,
                y reina en el alma mía.
ESTRELLA.           Si la voz se ha de medir                        495
                con las acciones humanas,
                mal habéis hecho en decir
                finezas tan cortesanas
                donde os pueda desmentir
                    todo ese marcial trofeo                         500
                con quien ya atrevida lucho;
                pues no dicen, según creo,
```

---

de la guerra posterior. En el diálogo entre Astolfo y Estrella él encarna el brío temerario (como Fortinbras en *Hamlet*) y la mujer la discreción, corona de la hermosura y la honestidad. En v. 476 Z dice «saetas» en vez de cometas. Es lectura más fácil de entender. Las saetas serían los radios opacos del sol antes de brillar, las flechas de Diana cazadora rodeada de sus vírgenes, y la saeta del amor en ausencia que se hace rayo con la presencia de Estrella. Calderón debió de escribir «cometas». Cfr. vv. 1034-1043. La belleza de Estrella es rayo y fuego a la vista; fue cometa en el retrato o la imaginación. Los signos cometa-rayo son correlativos de imagen-visión y aire-fuego respectivamente. «Cometas» alude también a la cabellera. Deméter (Diana) es llamada *kallikomos y eukomos* (de hermosos cabellos) en el *Himno a Deméter,* aunque Hesíodo llama *kallikomos* a Mnemosyne, madre de las musas *(Theogonia,* v. 915, en *Hesiod, The Homeric Hymns and Homerica,* Cambridge, Mass., Harvard University Press, 1974, pág. 144).

las lisonjas que os escucho
con los rigores que veo.
    Y advertid que es baja acción, 505
que sólo a una fiera toca,
madre de engaño y traición,
el halagar con la boca
y matar con la intención.

ASTOLFO.   Muy mal informada estáis, 510
Estrella, pues que la fe
de mis finezas dudáis,
y os suplico que me oigáis
la causa, a ver si la sé.
    Falleció Eustorgio tercero, 515
rey de Polonia, quedó
Basilio por heredero,
y dos hijas, de quien yo
y vos nacimos. No quiero
    cansar con lo que no tiene 520
lugar aquí. Clorilene,
vuestra madre y mi señora,
que en mejor imperio agora
dosel de luceros tiene,
    fue la mayor, de quien vos 525
sois hija; fue la segunda,
madre y tía de los dos,
la gallarda Recisunda,
que guarde mil años Dios.
    Casó en Moscovia, de quien 530
nací yo. Volver agora
al otro principio es bien.
Basilio, que ya, señora,
se rinde al común desdén
    del tiempo, más inclinado 535
a los estudios, que dado

---

511. Nombres tomados de *Eustorgio y Clorilene, historia moscóvica* (1629),
de Enrique Suárez de Mendoza y Figueroa. Esta obra le inspiró a Calderón
muchos pormenores de su comedia. Cfr. los artículos de J. A. Van Praag (Bibliografía).

a mujeres, enviudó
sin hijos y vos y yo
aspiramos a este estado.
    Vos alegáis que habéis sido   540
hija de hermana mayor;
yo, que varón he nacido,
y aunque de hermana menor,
os debo ser preferido.
Vuestra intención y la mía   545
a nuestro tío contamos;
él respondió que quería
componernos, y aplazamos
este puesto y este día.
    Con esta intención salí   550
de Moscovia y de su tierra;
con ésta llegué hasta aquí,
en vez de haceros yo guerra,
a que me la hagáis a mí.
    ¡Oh! quiera Amor, sabio dios,   555
que el vulgo, astrólogo cierto,
hoy lo sea con los dos,
y que pare este concierto
en que seáis reina vos;
    pero reina en mi albedrío,   560
dándoos, para más honor,
su corona nuestro tío,
sus triunfos vuestro valor,
y su imperio el amor mío.

ESTRELLA.   A tan cortés bizarría,   565
menos mi pecho no muestra,
pues la imperial monarquía,
para sólo hacerla vuestra
me holgara que fuese mía;
    aunque no está satisfecho   570
mi amor de que sois ingrato,

---

556. Ironía con respecto a Astolfo. El vulgo le pronostica el reino; pero al
final se ve burlado. V. 594: Estrella será reina, Astolfo no. Por supuesto, tampoco se casa con Estrella.

                    si en cuanto decís sospecho
                    que os desmiente ese retrato
                    que está pendiente del pecho.
ASTOLFO.   Satisfaceros intento   575
                    con él, mas lugar no da
                    tanto sonoro instrumento,
                    que avisa que sale ya
                    el rey con su Parlamento.

[ESCENA VI]

(Tocan, y sale el REY BASILIO, *viejo, y acompañamiento.)*

ESTRELLA.   Sabio Tales,
ASTOLFO.   docto Euclides,   580
ESTRELLA.   que entre signos,
ASTOLFO.   que entre estrellas,
ESTRELLA.   hoy gobiernas,
ASTOLFO.   hoy resides,
ESTRELLA.   y sus caminos,
ASTOLFO.   sus huellas
ESTRELLA.   describes,
ASTOLFO.   tasas y mides.
ESTRELLA.   Deja que en humildes lazos,   585
ASTOLFO.   deja que en tiernos abrazos
ESTRELLA.   yedra dese tronco sea,
ASTOLFO.   rendido a tus pies me vea.
BASILIO.   Sobrinos, dadme los brazos,
                y creed, pues que, leales   590
            a mi precepto amoroso,
            venís con afectos tales,
            que a nadie deje quejoso
            y los dos quedéis iguales;

---

580 y ss. Ironía del autor y el público con respecto a Basilio que, siendo rey, se dedica a las matemáticas. Contraste paródico con Alejandro Magno.

594. «Iguales» tiene el sentido de equidad, es decir, de que cada uno recibirá lo que le pertenece en justicia. Ironía respecto de Astolfo, que recibirá lo que se le debe: nada.

y así cuando me confieso,   595
rendido al prolijo peso,
sólo os pido en la ocasión
silencio, que admiración
ha de pedirla el suceso.
Ya sabéis, estadme atentos,   600
amados sobrinos míos,
corte ilustre de Polonia,
vasallos, deudos y amigos.
Ya sabéis que yo en el mundo
por mi ciencia he merecido   605
el sobrenombre de docto;
pues, contra el tiempo y olvido,
los pinceles de Timantes,
los mármoles de Lisipo,
en el ámbito del orbe   610
me aclaman el gran Basilio.
Ya sabéis que son las ciencias
que más curso y más estimo,
matemáticas sutiles,
por quien al tiempo le quito,   615
por quien a la fama rompo
la jurisdicción y oficio
de enseñar más cada día;
pues cuando en mis tablas miro
presentes las novedades   620
de los venideros siglos,
le gano al tiempo las gracias
de contar lo que yo he dicho.
Esos círculos de nieve,
esos doseles de vidrio   625
que el sol ilumina a rayos,
que parte la luna a giros;
esos orbes de diamantes,

608-609. Pintor y escultor griegos contemporáneos de Alejandro Magno.
Cfr. Calderón, *Darlo todo y no dar nada*, donde se dramatiza la historia de Timantes.

esos globos cristalinos
que las estrellas adornan   630
y que campean los signos,
son el estudio mayor
de mis años, son los libros,
donde en papel de diamante,
en cuadernos de zafiros,   635
escribe con líneas de oro
en caracteres distintos
el cielo nuestros sucesos
ya adversos o ya benignos.
Éstos leo tan veloz,   640
que con mi espíritu sigo
sus rápidos movimientos
por rumbos y por caminos.
¡Pluguiera al cielo! primero
que mi ingenio hubiera sido   645
de sus márgenes comento
y de sus hojas registro,
hubiera sido mi vida
el primero desperdicio
de sus iras, y que en ellas   650
mi tragedia hubiera sido;
porque de los infelices
aun el mérito es cuchillo.
¡Que a quien le daña el saber,
homicida es de sí mismo!   655
Dígalo yo, aunque mejor
lo dirán sucesos míos,
para cuya admiración

---

644. Ojalá hubiera muerto antes de nacer, es decir, antes de que mi ingenio hubiera nacido para comentar al margen del libro de las estrellas y re-
gistrar sus mensajes. Expresiones desesperadas semejantes a las de Job: «Pe-
rezca el día en que nací y la noche en que se dijo: ha sido concebido un
varón» (Job, 3, 3).

653. «Infelices» no significa personas con sentimientos interiores depresi-
vos *(unhappy)*, sino personas destinadas a sufrir por fuerzas exteriores y obje-
tivas *(unlucky)*. Para estos precitos el mérito (el saber) se hace cuchillo con el
cual se devoran (homicida de sí mismo).

otra vez silencio os pido.
En Clorilene, mi esposa, 660
tuve un infelice hijo,
en cuyo parto los cielos
se agotaron de prodigios.
Antes que a la luz hermosa
le diese el sepulcro vivo 665
de un vientre, porque el nacer
y el morir son parecidos,
su madre infinitas veces,
entre ideas y delirios
del sueño, vio que rompía 670
sus entrañas atrevido
un monstruo en forma de hombre;
y entre su sangre teñido,
la daba muerte, naciendo
víbora humana del siglo. 675
Llegó de su parto el día
y, los presagios cumplidos
(porque tarde o nunca son
mentirosos los impíos),
nació en horóscopo tal, 680
que el sol, en su sangre tinto,
entraba sañudamente
con la luna en desafío;
y siendo valla la tierra,
los dos faroles divinos 685
a luz entera luchaban,
ya que no a brazo partido.
El mayor, el más horrendo
eclipse que ha padecido
el sol, después que con sangre 690
lloró la muerte de Cristo,
éste fue; porque anegado

---

664. En la edición anterior hice una puntuación distinta, siguiendo a
S. Valbuena Briones da la transcripción correcta. Antes de nacer Segismundo,
su madre sintió en pesadillas la congoja de la muerte anunciada. En el parto
(v. 676) se cumplió el anuncio.

el orbe entre incendios vivos,
presumió que padecía
el último parasismo.   695
Los cielos se escurecieron,
temblaron los edificios,
llovieron piedras las nubes,
corrieron sangre los ríos.
En este mísero, en este   700
mortal planeta o signo
nació Segismundo, dando
de su condición indicios,
pues dio la muerte a su madre,
con cuya fiereza dijo: 705
hombre soy, pues que ya empiezo
a pagar mal beneficios.
Yo, acudiendo a mis estudios,
en ellos y en todo miro
que Segismundo sería   710
el hombre más atrevido,
el príncipe más cruel
y el monarca más impío,
por quien su reino vendría
a ser parcial y diviso,   715
escuela de las traiciones
y academia de los vicios;
y él, de su furor llevado,
entre asombros y delitos
había de poner en mí   720
las plantas, y yo rendido
a sus pies me había de ver:
¡con qué congoja lo digo!
siendo alfombra de sus plantas
las canas del rostro mío.   725
¿Quién no da crédito al daño,

713. Algunas cosas entrevistas por Basilio se cumplen después, otras no.
Por ejemplo, después del v. 3304 no puede pensarse que Segismundo fuera
un rey tirano. Es otra prueba de la tesis constante del texto: la prudencia del
entendimiento está sobre el poder de las estrellas.

y más al daño que ha visto
en su estudio, donde hace
el amor propio su oficio?
Pues dando crédito yo   730
a los hados, que adivinos
me pronosticaban daños
en fatales vaticinios,
determiné de encerrar
la fiera que había nacido,   735
por ver si el sabio tenía
en las estrellas dominio.
Publicóse que el infante
nació muerto y, prevenido,
hice labrar una torre   740
entre las peñas y riscos
de dos montes, donde apenas
la luz ha hallado camino,
por defenderle la entrada
sus rústicos obeliscos.   745
Las graves penas y leyes,
que con públicos editos
declararon que ninguno
entrase a un vedado sitio
del monte, se ocasionaron   750
de las causas que os he dicho.
Allí Segismundo vive,
mísero, pobre y cautivo,
adonde sólo Clotaldo
le ha hablado, tratado y visto: 755
éste le ha enseñado ciencias,
éste en la ley le ha instruido
católica, siendo solo
de sus miserias testigo.

---

734. «Del título piadoso de padre os desnudasteis, ocasionado no más que
de un pronóstico probable» (Tirso, *El bandolero*, cap. 18, pág. 340). Perfecta
precisión escolástica: piedad va unida con padre; «ocasión» es algo que se
toma como causa sin serlo de verdad. El pronóstico *probable* no debe prevalecer nunca sobre la obligación *cierta* del padre.

Aquí hay tres cosas: la una, 760
que yo, Polonia, os estimo
tanto, que os quiero librar
de la opresión y servicio
de un rey tirano, porque 765
no fuera señor benigno
el que a su patria y su imperio
pusiera en tanto peligro.
La otra es considerar
que si a mi sangre le quito 770
el derecho que le dieron,
humano fuero y divino,
no es cristiana caridad,
pues ninguna ley ha dicho
que por reservar yo a otro 775
de tirano y de atrevido,
pueda yo serlo, supuesto
que si es tirano mi hijo,
porque él delitos no haga,
vengo yo a hacer los delitos. 780
Es la última y tercera,
el ver cuánto yerro ha sido
dar crédito fácilmente
a los sucesos previstos;
pues aunque su inclinación 785
le dicte sus precipicios,
quizá no le vencerán,
porque el hado más esquivo,
la inclinación más violenta,
el planeta más impío, 790
sólo el albedrío inclinan,
no fuerzan el albedrío.
Y así, entre una y otra causa,
vacilante y discursivo,

---

768 y ss. Basilio reconoce su error jurídico con respecto al pueblo y al
heredero legítimo, y su error científico (vv. 781 y ss.).

793. «Vacilante y discursivo.» En el teatro español el monólogo de vacila-
ción y duda se considera cobarde. «Abbondano nel teatro calderoniano i
Faust in embrione, benché assolutamente incapaci di sviluppo e di vere e pro-

previne un remedio tal
que os suspenda los sentidos.   795
Yo he de ponerle mañana,
sin que él sepa que es mi hijo
y rey vuestro, a Segismundo
(que aqueste su nombre ha sido)
en mi dosel, en mi silla,   800
y, en fin, en el lugar mío,
donde os gobierne y os mande
y donde todos rendidos
la obediencia le juréis;
pues con aquesto consigo   805
tres cosas, con que respondo
a las otras tres que he dicho.
Es la primera, que siendo
prudente, cuerdo y benigno,
desmintiendo en todo al hado   810
que dél tantas cosas dijo,
gozaréis el natural
príncipe vuestro, que ha sido
cortesano de unos montes
y de sus fieras vecino.   815
Es la segunda, que si él,
soberbio, osado, atrevido
y cruel, con rienda suelta
corre el campo de sus vicios,
habré yo piadoso entonces   820
con mi obligación cumplido,

---

fonde torture allo spirito» (Farinelli, *op. cit.,* II, págs. 5-6. Cfr. 79). «Vacilante,
discursivo, pensativo» son signos de falta de valor, por tanto, actitudes in-
dignas de un caballero. Cfr. v. 1271. «Mas ¿qué pregunto, la duda / no es de
mi valor ofensa?» *(La hija del aire,* parte 2.ª, ed. VB, Madrid, Aguilar, 1966,
I, 769b). «Mil imaginaciones semejantes, parte sofísticas y parte verdaderas,
estorbaban al pensativo catalán la deseada convalecencia» (Tirso, *El bandolero,* cap. 16, pág. 321).

   814. Ironía de Calderón frente a la irresponsabilidad de Basilio, quien se
enreda en sus propias contradicciones como Polonius en *Hamlet. El* viejo rey
debía saber que Segismundo, cortesano de unos montes, no estaba debidamente preparado para gobernar.

<pre>
                    y luego en desposeerle
                    haré como rey invicto,
                    siendo el volverle a la cárcel
                    no crueldad, sino castigo.   825
                    Es la tercera, que siendo
                    el príncipe como os digo,
                    por lo que os amo, vasallos,
                    os daré reyes más dignos
                    de la corona y el cetro;   830
                    pues serán mis dos sobrinos,
                    (que) junto en uno el derecho
                    de los dos, y convenidos
                    con la fe del matrimonio,
                    tendrán lo que han merecido.   835
                    Esto como rey os mando,
                    esto como padre os pido,
                    esto como sabio os ruego,
                    esto como anciano os digo.
                    Y si el Séneca español,   840
                    que era humilde esclavo, dijo,
                    de su república un rey,
                    como esclavo os lo suplico.
ASTOLFO.   Si a mí el responder me toca
                    como el que en efeto ha sido   845
                    aquí el más interesado,
                    en nombre de todos digo
                    que Segismundo parezca,
                    pues le basta ser tu hijo.
TODOS.   Danos al príncipe nuestro   850
                    que ya por rey le pedimos.
</pre>

---

825. No crueldad sino castigo. Ahora el encarcelamiento primero es reconocido como cruel. Pero el rey busca sutilmente una culpa en Segismundo para producir un segundo encarcelamiento supuestamente justo. Resuena aquí la casuística moral y jurídica del «castigo sin venganza».

840. Séneca *(ca.* 4 a.C.-65 d.C.): «Grave putas eripi loquendi arbitrium regibus quod humillimi habent? Ista, inquis, servitus est, non imperium. Quid tu? Non experis istud esse nobis, tibi servitutem?» *(De clementia,* I, 8. Tomado de Krenkel).

BASILIO.	Vasallos, esa fineza	
	os agradezco y estimo.	
	Acompañad a sus cuartos	
	a los dos Atlantes míos,	855
	que mañana le veréis.	
TODOS.	¡Viva el grande rey Basilio!	

(Éntranse todos. Antes que se entre el REY *sale* CLOTALDO, ROSAURA *y* CLARÍN, *y detiene al* REY.)

[ESCENA VII]

CLOTALDO.	¿Podréte hablar?	
BASILIO.	¡Oh, Clotaldo!	
	Tú seas muy bien venido.	
CLOTALDO.	Aunque viniendo a tus plantas	860
	es fuerza el haberlo sido,	
	esta vez rompe, señor,	
	el hado triste y esquivo	
	el privilegio a la ley	
	y a la costumbre el estilo.	865
BASILIO.	¿Qué tienes?	
CLOTALDO.	Una desdicha,	
	señor, que me ha sucedido,	

---

855. Atlante: uno de los titanes que hicieron la guerra a Zeus. Fue castigado a sostener los cielos sobre sus espaldas. Calderón lo usa frecuentemente para expresar apoyo, el «báculo de la vejez».

860. El venir a las plantas del rey es ya felicidad para Clotaldo. «Es lógico (fuerza) que sea bien venido quien viene delante del rey.» Pero la razón por la que viene hace que en este caso su venida sea infeliz, rompiendo la lógica y la normalidad.

863. El hado rompe el privilegio a la ley y el estilo a la costumbre. Privilegio es sinónimo de ley y estilo de costumbre. Venir ante Basilio es siempre un placer; pero esta vez el destino rompe la normalidad (ley y costumbre). Privilegio y estilo son la médula o quintaesencia de la ley y costumbre respectivamente.

866. La mayor desdicha es que su hijo está condenado a muerte. El mayor regocijo hubiera sido el hecho de haberle encontrado.

	cuando pudiera tenerla	
	por el mayor regocijo.	
BASILIO.	Prosigue.	
CLOTALDO.	Este bello joven,	870
	osado o inadvertido,	
	entró en la torre, señor,	
	adonde al príncipe ha visto	
	y es...	
BASILIO.	No te aflijas, Clotaldo,	
	si otro día hubiera sido,	875
	confieso que lo sintiera;	
	pero ya el secreto he dicho	
	y no importa que él lo sepa,	
	supuesto que yo lo digo.	
	Vedme después, porque tengo	880
	muchas cosas que advertiros	
	y muchas que hagáis por mí;	
	que habéis de ser, os aviso,	
	instrumento del mayor	
	suceso que el mundo ha visto.	885
	Y a esos presos, porque al fin	
	no presumáis que castigo	
	descuidos vuestros, perdono.	

(Vase.)

| CLOTALDO. | ¡Vivas, gran señor, mil siglos! |

[ESCENA VIII]

CLOTALDO.	Mejoró el cielo la suerte.	890
	Ya no diré que es mi hijo,	
	pues que lo puedo excusar.	
	Extranjeros peregrinos,	
	libres estáis.	
ROSAURA.	Tus pies beso	
	mil veces.	
CLARÍN.	Y yo los viso;	895

que una letra más o menos
no reparan dos amigos.
ROSAURA. La vida, señor, me has dado,
y pues a tu cuenta vivo,
eternamente seré   900
esclavo tuyo.
CLOTALDO.   No ha sido
vida la que yo te he dado,
porque un hombre bien nacido,
si está agraviado no vive;
y supuesto que has venido   905
a vengarte de un agravio,
según tú propio me has dicho,
no te he dado vida yo,
porque tú no la has traído;
que vida infame no es vida.   910
(Bien con aquesto le animo.) *(Aparte.)*
ROSAURA. Confieso que no la tengo
aunque de ti la recibo;
pero yo con la venganza
dejaré mi honor tan limpio,   915
que pueda mi vida luego,
atropellando peligros,
parecer dádiva tuya.
CLOTALDO. Toma el acero bruñido
que trujiste, que yo sé   920
que él baste, en sangre teñido
de tu enemigo, a vengarte;
porque acero que fue mío
(digo este instante, este rato
que en mi poder le he tenido),   925
sabrá vengarte.

---

898. Diálogo a dos voces. Rosaura agradece a Clotaldo la vida como a su
salvador. Clotaldo y el público saben ya que es su padre natural. En un momento Clotaldo (de nuevo, como Polonius en *Hamlet*) se enreda en sus palabras («porque acero que fue mío», v. 923) y tiene que desenredarse. La sutileza
de la polifonía se muestra en el verso «en tu nombre / segunda vez me le ciño».
Rosaura quiere decir que sólo esta segunda vez lleva la espada en nombre de
Clotaldo; el público sabe que también la vez primera la ciñó en su nombre.

ROSAURA.   En tu nombre
                 segunda vez me le ciño
                 y en él juro mi venganza,
                 aunque fuese mi enemigo
                 más poderoso.
CLOTALDO.   ¿Eslo mucho?   930
ROSAURA.   Tanto, que no te lo digo,
                 no porque de tu prudencia
                 mayores cosas no fío,
                 sino porque no se vuelva
                 contra mí el favor que admiro   935
                 en tu piedad.
CLOTALDO.   Antes fuera
                 ganarme a mí con decirlo,
                 pues fuera cerrarme el paso
                 de ayudar a tu enemigo.
                 (¡Oh, si supiera quién es!) *(Aparte.)*   940
ROSAURA.   Porque no pienses que estimo
                 tan poco esa confianza,
                 sabe que el contrario ha sido
                 no menos que Astolfo, duque
                 de Moscovia.
CLOTALDO.   *(Aparte.)* (Mal resisto   945
                 el dolor, porque es más grave
                 que fue imaginado, visto.
                 Apuremos más el caso.)
                 Si moscovita has nacido,
                 el que es natural señor   950
                 mal agraviarte ha podido;
                 vuélvete a tu patria, pues,
                 y deja el ardiente brío
                 que te despeña.
ROSAURA.   Yo sé
                 que, aunque mi príncipe ha sido,   955
                 pudo agraviarme.
CLOTALDO.   No pudo,
                 aunque pusiera atrevido
                 la mano en tu rostro. (¡Ay cielos!)
ROSAURA.   Mayor fue el agravio mío.

CLOTALDO.	Dilo ya, pues que no puedes	960
	decir más que yo imagino.	
ROSAURA.	Sí dijera; mas no sé	
	con qué respeto te miro,	
	con qué afecto te venero,	
	con qué estimación te asisto,	965
	que no me atrevo a decirte	
	que es este exterior vestido	
	enigma, pues no es de quien	
	parece: juzga advertido,	
	si no soy lo que parezco,	970
	y Astolfo a casarse vino	
	con Estrella, si podrá	
	agraviarme. Harto te he dicho.	

(Vanse ROSAURA *y* CLARÍN.*)*

CLOTALDO.	¡Escucha, aguarda, detente!	
	¿Qué confuso laberinto	975
	es éste, donde no puede	
	hallar la razón el hilo?	
	Mi honor es el agraviado,	
	poderoso el enemigo,	
	yo vasallo, ella mujer,	980
	descubra el cielo camino;	
	aunque no sé si podrá	
	cuando en tan confuso abismo,	
	es todo el cielo un presagio	
	y es todo el mundo un prodigio.	985

---

982. Calderón parece hacer de Clotaldo un viejo cómico que se pierde en el laberinto de sus palabras. Así se explica su duda de si el mismo Dios sabrá resolver sus dilemas (vv. 981-982). «¡Qué confuso abismo, / no me conozco a mí mismo / y el corazón no reposa!» *(El condenado por desconfiado*, III, 7, vv. 2258-2260).

SEGUNDA JORNADA DE «LA VIDA ES SUEÑO»

(Salen el Rey Basilio *y* Clotaldo.)

[ESCENA I]

Clotaldo.	Todo como lo mandaste	
	queda efetuado.	
Basilio.		Cuenta,
	Clotaldo, cómo pasó.	
Clotaldo.	Fue, señor, desta manera.	
	Con la apacible bebida,	990
	que de confecciones llena	
	hacer mandaste, mezclando	
	la virtud de algunas yerbas	
	cuyo tirano poder	
	y cuya secreta fuerza	995
	así el humano discurso	
	priva, roba y enajena,	
	que deja vivo cadáver	
	a un hombre, y cuya violencia,	

---

991. Confecciones: «compuesto de varios simples, preparado con el punto correspondiente al uso que ha de tener o a la materia a que se ha de aplicar» *(DA)*.

998. «Vivo cadáver.» El motivo se repite en los vv. 201 y 2475. Estas repeticiones en el drama calderoniano actúan como focos de unificación de los elementos más dispares. Sería fácil catalogar las imágenes que obsesionan a nuestro dramaturgo, como se ha hecho con las de Shakespeare.

adormecido, le quita   1000
los sentidos y potencias...
No tenemos que argüir,
que aquesto posible sea,
pues tantas veces, señor,
nos ha dicho la experiencia,   1005
y es cierto, que de secretos
naturales está llena
la medicina, y no hay
animal, planta ni piedra
que no tenga calidad   1010
determinada; y si llega
a examinar mil venenos
la humana malicia nuestra,
que den la muerte, ¿qué mucho
que, templada su violencia,   1015
pues hay venenos que maten,
haya venenos que aduerman?
Dejando aparte el dudar
si es posible que suceda,
pues que ya queda probado   1020
con razones y evidencias;
con la bebida, en efeto,
que el opio, la adormidera
y el beleño compusieron,
bajé a la cárcel estrecha   1025
de Segismundo; con él
hablé un rato de las letras
humanas que le ha enseñado
la muda naturaleza
de los montes y los cielos,   1030
en cuya divina escuela
la retórica aprendió
de las aves y las fieras.
Para levantarle más

1020. La experiencia del hecho no permite ya dudar de la posibilidad. Cfr.
vv. 1430-1431, donde se repite el mismo razonamiento. Repite un aforismo
escolástico: *de facto ad posse valet illatio.*

el espíritu a la empresa 1435
que solicitas, tomé
por asunto la presteza
de un águila caudalosa,
que despreciando la esfera
del viento, pasaba a ser 1040
en las regiones supremas
del fuego rayo de pluma
o desasido cometa.
Encarecí el vuelo altivo
diciendo: «Al fin eres reina 1045
de las aves, y así, a todas
es justo que te prefieras.»
Él no hubo menester más;
que en tocando esta materia
de la majestad, discurre 1050
con ambición y soberbia;
porque, en efeto, la sangre
le incita, mueve y alienta
a cosas grandes, y dijo:
«¡Que en la república inquieta 1055
de las aves también haya
quien les jure la obediencia!
En llegando a este discurso,
mis desdichas me consuelan;
pues por lo menos si estoy 1060
sujeto, lo estoy por fuerza;
porque voluntariamente
a otro hombre no me rindiera.»

1039. Los cuatro elementos ocupan el lugar correspondiente a su respectivo grado de materia. La tierra está en la base y siguen el agua, el viento y el fuego, que está en la esfera superior por ser el menos material. El águila vuela tan alta que abandona su propio elemento (el aire) y se convierte en rayo (fuego).

1050. Segismundo posee las cualidades propias de un alma de rey. Calderón no atribuye a la herencia cualidades en sentido determinista; la prueba es que el rey Basilio tiene inclinaciones de plebeyo (amor a la especulación). No obstante, la sangre real inclina, según el dramaturgo, a la magnanimidad.

Viéndole ya enfurecido
con esto que ha sido el tema
de su dolor, le brindé
con la pócima, y apenas
pasó desde el vaso al pecho
el licor, cuando las fuerzas
rindió al sueño, discurriendo
por los miembros y las venas
un sudor frío, de modo,
que a no saber yo que era
muerte fingida, dudara
de su vida. En esto llegan
las gentes de quien tú fías
el valor desta experiencia,
y poniéndole en un coche
hasta tu cuarto le llevan,
donde prevenida estaba
la majestad y grandeza
que es digna de su persona.
Allí en tu cama le acuestan,
donde al tiempo que el letargo
haya perdido la fuerza,
como a ti mismo, señor,
le sirvan, que así lo ordenas.
Y si haberte obedecido
te obliga a que yo merezca
galardón, sólo te pido
(perdona mi inadvertencia)
que me digas qué es tu intento
trayendo desta manera
a Segismundo a palacio.

BASILIO. Clotaldo, muy justa es esa
duda que tienes, y quiero
sólo a vos satisfacerla.
A Segismundo, mi hijo,
el influjo de su estrella
(bien lo sabéis) amenaza
mil desdichas y tragedias;
quiero examinar si el cielo

1065

1070

1075

1080

1085

1090

1095

1100

(que no es posible que mienta,
y más habiéndonos dado
de su rigor tantas muestras   1105
en su cruel condición),
o se mitiga, o se templa
por lo menos, y vencido
con valor y con prudencia,
se desdice; porque el hombre   1110
predomina en las estrellas.
Esto quiero examinar,
trayéndole donde sepa
que es mi hijo, y donde haga
de su talento la prueba.   1115
Si magnánimo se vence,
reinará; pero si muestra
el ser cruel y tirano,
le volveré a su cadena.
Agora preguntarás,   1120
que para aquesta experiencia,
qué importó haberle traído
dormido desta manera;
y quiero satisfacerte
dándote a todo respuesta.   1125
Si él supiera que es mi hijo
hoy, y mañana se viera
segunda vez reducido
a su prisión y miseria,
cierto es de su condición   1130
que desesperara en ella;
porque sabiendo quién es,
¿qué consuelo habrá que tenga?
Y así he querido dejar
abierta al daño esta puerta   1135

1126. Cuando Segismundo ve a su padre (v. 1440) ya sabe que es hijo de
Basilio y príncipe heredero. Basilio ha decidido revelarle el secreto (v. 1158).
Clotaldo se lo revela en el v. 1275. Segismundo en el v. 2122 se refiere a esa
información.

del decir que fue soñado
cuanto vio. Con esto llegan
a examinarse dos cosas:
su condición la primera,
pues él despierto procede   1140
en cuanto imagina y piensa;
y el consuelo la segunda,
pues aunque agora se vea
obedecido, y despúes
a sus prisiones se vuelva,   1145
podrá entender que soñó
y hará bien cuando lo entienda,
porque en el mundo, Clotaldo,
todos los que viven sueñan.

CLOTALDO.   Razones no me faltaran   1150
para probar que no aciertas,
mas ya no tiene remedio,
y según dicen las señas,
parece que ha despertado
y hacia nosotros se acerca.   1155

BASILIO.   Yo me quiero retirar;
tú, como ayo suyo, llega
y de tantas confusiones
como su discurso cercan,
le saca con la verdad.   1160

CLOTALDO.   En fin, ¿que me das licencia
para que lo diga?

BASILIO.   Sí;
que podrá ser, con saberla,
que, conocido el peligro,
más fácilmente se venza.   1165

(Vase y sale CLARÍN.)

1150. Clotaldo declara que el arbitrio del rey es erróneo; pero, una vez
cometido el error, el vasallo fiel debe aceptar la decisión real en todo cuanto no vaya contra la ley de Dios o el honor para no rebajar la autoridad del
soberano.

[ESCENA II]

CLARÍN.
A costa de cuatro palos
que el llegar aquí me cuesta,
de un alabardero rubio
que barbó de su librea,
tengo de ver cuanto pasa;   1170
que no hay ventana más cierta
que aquella que, sin rogar
a un ministro de boletas,
un hombre se trae consigo;
pues para todas las fiestas,   1175
despojado y despejado,
se asoma a su desvergüenza.

CLOTALDO.
Éste es Clarín, el criado
de aquélla (¡ay cielos!), de aquella
que, tratante de desdichas,   1180
pasó a Polonia mi afrenta.
Clarín, ¿qué hay de nuevo?

CLARÍN.
                                    Hay,
señor, que tu gran clemencia,
dispuesta a vengar agravios
de Rosaura, la aconseja   1185
que tome su propio traje.

CLOTALDO.
Y es bien, porque no parezca
liviandad.

1169. «En las habitaciones del rey todo está quieto y tranquilo y nadie se agita hasta la hora en que va a misa que es la hora en que hay que verlo. Entonces disponen sus alabarderos todo a lo largo de la galería por donde debe pasar, que están compuestos de alemanes, de borgoñones y de españoles... Todos llevan la librea amarilla con bandas de terciopelo rojo» (Antoine de Brunel, *Viaje de España* [1654], edición de J. García Mercadal, Madrid, Aguilar, 1959, pág. 410b). El alabardero tenía la barba rojiza como su librea.

1173. «Ya está hecho el alojamiento; / el comisario irá dando / boletas, como llegando / fueren» *(El alcalde de Zalamea*, I, 2, vv. 153-156). El ministro de boletas en *La vida es sueño* parece referirse al comisario que repartía los alojamientos para los espectáculos. Recordemos que Clarín no está empleado en palacio hasta el v. 1222, por eso se le prohíbe la entrada.

123

CLARÍN.   Hay que, mudando
su nombre, y tomando cuerda
nombre de sobrina tuya,   1190
tanto su honor se acrecienta,
que dama en palacio ya
de la singular Estrella
vive.

CLOTALDO.   Es bien que de una vez
tome su honor por mi cuenta.   1195

CLARÍN.   Hay que ella se está esperando
que ocasión y tiempo venga
en que vuelvas por su honor.

CLOTALDO. Prevención segura es ésa;
que al fin el tiempo ha de ser   1200
quien haga esas diligencias.

CLARÍN.   Hay que ella está regalada,
servida como una reina
en fe de sobrina tuya,
y hay que, viniendo con ella,   1205
estoy yo muriendo de hambre
y naide de mí se acuerda,
sin mirar que soy Clarín,
y que si el tal Clarín suena,
podrá decir cuanto pasa   1210
al rey, a Astolfo y a Estrella;
porque Clarín y criado
son dos cosas que se llevan
con el secreto muy mal;
y podrá ser, si me deja   1215
el silencio de su mano,
se cante por mí esta letra:
Clarín que rompe el albor,
no suena mejor.

1209. No penséis que hablo de vicio,
que será el día final
un criado de metal
la trompeta del jüicio
                    (Góngora, *Las firmezas de Isabela,* vv. 185-188).
1218. *Estribillo del romance de Góngora:* «Contando estaban sus rayos», ed.
Millé, n. 72, Madrid, Aguilar, 1966, pág. 197. Cfr. E. M. Wilson y J. Sage,

CLOTALDO.   Tu queja está bien fundada;   1220
            yo satisfaré tu queja,
            y en tanto sirveme a mí.
CLARÍN.   Pues ya Segismundo llega.

[ESCENA III]

(Salen músicos cantando, y criados dando de vestir a SEGISMUNDO,
que sale como asombrado.)

SEGISM.   ¡Válgame el cielo! ¿Qué veo?
            ¡Válgame el cielo! ¿Qué miro?   1225
            Con poco espanto lo admiro,
            con mucha duda lo creo.
                ¿Yo en palacios suntuosos?
            ¿Yo entre telas y brocados?
            ¿Yo cercado de criados   1230
            tan lucidos y briosos?
                ¿Yo despertar de dormir
            en lecho tan excelente?
            ¿Yo en medio de tanta gente
            que me sirva de vestir?   1235
                Decir que sueño es engaño,
            bien sé que despierto estoy.
            ¿Yo Segismundo no soy?
            Dadme, cielos, desengaño.
                Decidme qué pudo ser   1240
            esto que a mi fantasía

Poesías líricas en las obras dramáticas de Calderón, Londres, Tamesis Books, 1962,
pág. 13.
1225. Experiencia de la vida como sueño. Como en v. 395, se trata de otro
vuelco de la identidad del yo. En Descartes (1596-1650) duda el entendimiento del testimonio de los sentidos, pero no se duda de la consistencia de la
persona. Calderón dramatiza la crisis de la identidad sustancial y personal.
En esto lee y sigue a Cervantes *(Quijote,* I, caps. 44-47).
1240. Desengañado es igual a verdad en su sentido original de *a-letheia,*
des-velamiento, des-engaño. La verdad es una conquista mediada que niega
o corrige las impresiones inmediatas. La lectura ideal de un texto no es la

sucedió mientras dormía,
que aquí me he llegado a ver.
    Pero sea lo que fuere,
¿quién me mete en discurrir?   1245
Dejarme quiero servir,
y venga lo que viniere.

(CRIADO) 2.°   ¡Qué melancólico está!
(CRIADO) 1.° ¿Pues a quién le sucediera
esto, que no lo estuviera?   1250

CLARÍN.   A mí.
(CRIADO) 2.°   Llega a hablarle ya.
(CRIADO) 1.°   ¿Volverán a cantar?
SEGISM.   No,
no quiero que canten más.

(CRIADO) 2.° Como tan suspenso estás,
quise divertirte.

SEGISM.   Yo   1255
no tengo de divertir
con sus voces mis pesares;
las músicas militares
sólo he gustado de oír.

CLOTALDO.   Vuestra Alteza, gran señor,   1260
me dé su mano a besar,
que el primero le ha de dar
esta obediencia mi honor.

SEGISM.   Clotaldo es: ¿pues cómo así,
quien en prisión me maltrata,   1265
con tal respeto me trata?
¿Qué es lo que pasa por mí?

CLOTALDO.   Con la grande confusión
que el nuevo estado te da,
mil dudas padecerá   1270
el discurso y la razón;

---

primera con sus impresiones, sino la interpretación arrancada en el estudio. Estudiar es des-engañarse. Cfr. vv. 1525, 1681, 2365.

1258. «Alejandro, llevado a Troya... rechazó lejos de sí la cítara de Paris diciendo: no es ésta la que quisiera yo; quisiera, sí, la de Aquiles» (Mariana, *op. cit.*, pág. 510a). Segismundo muestra el carácter de Alejandro en contraste con su padre. Véase vv. 608 y ss.

```
                    pero ya librarte quiero
             de todas (si puede ser)
             porque has, señor, de saber
             que eres príncipe heredero              1275
                    de Polonia. Si has estado
             retirado y escondido,
             por obedecer ha sido
             a la inclemencia del hado
                    que a mil tragedias consiente    1280
             a este imperio, cuando en él
             el soberano laurel
             corone tu augusta frente.
                    Mas fiando a tu atención
             que vencerás las estrellas,             1285
             porque es posible vencellas
             a un magnánimo varón,
                    a palacio te han traído
             de la torre en que vivías,
             mientras al sueño tenías                1290
             el espíritu rendido.
                    Tu padre, el rey mi señor
             vendrá a verte, y dél sabrás,
             Segismundo, lo demás.
```

SEGISM. ¡Pues, vil, infame y traidor!   1295

```
                    ¿Qué tengo más que saber,
             después de saber quién soy
             para mostrar desde hoy
             mi soberbia y mi poder?
                    ¿Cómo a tu patria le has hecho    1300
             tal traición, que me ocultaste
             a mí, pues que me negaste,
             contra razón y derecho,
                    este estado?
```

1295.   Segismundo responde con rigor, pero con plena justicia. El príncipe heredero no tiene derecho a renunciar al trono para el cual Dios le ha destinado. Segismundo reacciona y emplea los argumentos de Hamlet ante Rosencrantz y Guildenstern. No se trata aquí de ambición, soberbia y otras vagas apreciaciones psicológicas, sino de fórmulas jurídicas estrictas.

CLOTALDO.	¡Ay de mí triste!	
SEGISM.	Traidor fuiste con la ley,	1305

CLOTALDO.   ¡Ay de mí triste!
SEGISM.   Traidor fuiste con la ley,   1305
              lisonjero con el rey,
              y cruel conmigo fuiste;
              y así el rey, la ley y yo,
              entre desdichas tan fieras,
              te condenan a que mueras   1310
              a mis manos.
(CRIADO) 2.º   ¡Señor!
SEGISM.   No
              me estorbe nadie, que es vana
              diligencia; ¡y vive Dios!,
              si os ponéis delante vos,
              que os eche por la ventana.   1315
(CRIADO) 1.º Huye, Clotaldo.
CLOTALDO.   ¡Ay de ti,
              qué soberbia vas mostrando,
              sin saber que estás soñando!

(Vase.)

(CRIADO) 2.º Advierte...
SEGISM.   Apartad de aquí.
(CRIADO) 2.º ...que a su rey obedeció.   1320
SEGISM.   En lo que no es justa ley
              no ha de obedecer al rey,
              y su príncipe era yo.
(CRIADO) 2.º   Él no debió examinar
              si era bien hecho o mal hecho.   1325
SEGISM.   Que estáis mal con vos sospecho,
              pues me dais que replicar.
CLARÍN.   Dice el príncipe muy bien,
              y vos hicistes muy mal.

1310. Segismundo no tiene la educación requerida para la Corte. Por eso no distingue entre el derecho de condenar a muerte y la ejecución, que es indigna del príncipe.

1320. El criado representa el colaboracionista pragmático y Segismundo la justicia pura e ideal; nueva semejanza con don Quijote.

(CRIADO) 2.º	¿Quién os dio licencia igual?	1330
CLARÍN.	Yo me la he tomado.	
SEGISM.	¿Quién	

CLARÍN.   Entremetido,

(CRIADO) 2.º ¿Quién os dio licencia igual?   1330
CLARÍN.   Yo me la he tomado.
SEGISM.   ¿Quién
           eres tú, di?
CLARÍN.   Entremetido,
           y deste oficio soy jefe,
           porque soy el mequetrefe
           mayor que se ha conocido.   1335
SEGISM.   Tú solo en tan nuevos mundos
           me has agradado.
CLARÍN.   Señor,
           soy un grande agradador
           de todos los Segismundos.

[ESCENA IV]

(Sale ASTOLFO.)

ASTOLFO.   ¡Feliz mil veces el día,   1340
           oh Príncipe, que os mostráis
           sol de Polonia y llenáis
           de resplandor y alegría
             todos estos horizontes
           con tan divino arrebol,   1345
           pues que salís como el sol
           de debajo de los montes!
             Salid, pues, y aunque tan tarde
           se corona vuestra frente
           del laurel resplandeciente,   1350
           tarde muera.
SEGISM.   Dios os guarde.
ASTOLFO.   El no haberme conocido
           sólo por disculpa os doy
           de no honrarme más. Yo soy
           Astolfo, duque he nacido   1355
             de Moscovia, y prima vuestro;
           haya igualdad en los dos.

SEGISM.	Si digo que os guarde Dios,
	¿bastante agrado no os muestro?
	Pero ya que, haciendo alarde	1360
	de quien sois, desto os quejáis,
	otra vez que me veáis
	le diré a Dios que no os guarde.
(CRIADO) 2.º	Vuestra Alteza considere
	que como en montes nacido	1365
	con todos ha procedido.
	Astolfo, señor, prefiere...
SEGISM.	Cansóme como llegó
	grave a hablarme, y lo primero
	que hizo, se puso el sombrero.	1370
(CRIADO) 2.º	Es grande.
SEGISM.	Mayor soy yo.
(CRIADO) 2.º	Con todo eso, entre los dos
	que haya más respeto es bien
	que entre los demás.
SEGISM.	¿Y quién
	os mete conmigo a vos?	1375

[ESCENA V]

(Sale ESTRELLA.*)*

ESTRELLA.	Vuestra Alteza, señor, sea
	muchas veces bienvenido
	al dosel que, agradecido,
	le recibe y le desea,

1363. Crespo: «Dios, señor, os dé paciencia / Don Lope: ¿Para qué la quiero yo? / Crespo: No os la dé» *(El alcalde de Zalamea,* II, 5, vv. 266-268. Cfr. esc. 18, vv. 627 y ss.).

1371. Doble sentido. Ser grande era un privilegio dado por el rey a ciertos nobles. Como signo de concesión del privilegio el rey mandaba al noble cubrirse delante de él. Segismundo no entiende el significado jurídico de la palabra «grande»; la toma en el sentido popular. Por eso responde: «mayor soy yo».

	adonde, a pesar de engaños,	1380
	viva augusto y eminente,	
	donde su vida se cuente	
	por siglos, y no por años.	
SEGISM.	Dime tú agora ¿quién es	
	esta beldad soberana?	1385
	¿Quién es esta diosa humana,	
	a cuyos divinos pies	
	postra el cielo su arrebol?	
	¿Quién es esta mujer bella?	
CLARÍN.	Es, señor, tu prima Estrella.	1390
SEGISM.	Mejor dijeras el sol.	
	Aunque el parabién es bien	
	darme del bien que conquisto,	
	de sólo haberos hoy visto	
	os admito el parabién;	1395
	y así, del llegarme a ver	
	con el bien que no merezco,	
	el parabién agradezco,	
	Estrella, que amanecer	
	podéis, y dar alegría	1400
	al más luciente farol.	
	¿Qué dejáis que hacer al sol,	
	si os levantáis con el día?	
	Dadme a besar vuestra mano,	
	en cuya copa de nieve	1405
	el aura candores bebe.	
ESTRELLA.	Sed más galán cortesano.	
ASTOLFO.	Si él toma la mano, yo	
	soy perdido.	

1384. En vv. 1363, 1371 y 1425 Segismundo habla como los villanos inocentes. Pero en presencia de la mujer Calderón se goza por boca del príncipe en el placer de la poesía cancioneril.

1396. Segismundo agradece el bien de llegarse a ver con Estrella, bien que él no merece. «Llegarme a ver» tiene doble sentido, contemplar la belleza y «poseer». El autor anticipa ante el auditorio la futura unión de los dos primos. El perdedor será Astolfo. El v. 1408, difícil de explicar para algunos comentaristas, creo encuentra explicación en el mismo doble sentido: «tomar la mano» significa por el momento un gesto inocente; pero anticipa el matrimonio final entre Segismundo y Estrella.

(CRIADO) 2.º	El pesar sé	
	de Astolfo, y le estorbaré.	1410
	Advierte, señor, que no	
	es justo atreverse así,	
	y estando Astolfo...	
SEGISM.	¿No digo	
	que vos no os metáis conmigo?	
(CRIADO) 2.º	Digo lo que es justo.	
SEGISM.	A mí	1415
	todo eso me causa enfado.	
	Nada me parece justo	
	en siendo contra mi gusto.	
(CRIADO) 2.º	Pues yo, señor, he escuchado	
	de ti que en lo justo es bien	1420
	obedecer y servir.	
SEGISM.	También oíste decir	
	que por un balcón a quien	
	me canse sabré arrojar.	
(CRIADO) 2.º	Con los hombres como yo	1425
	no puede hacerse eso.	
SEGISM.	¿No?	
	¡Por Dios, que lo he de probar!	

(Cógele en los brazos, y éntrase, y todos tras él, y torna a salir.)

| ASTOLFO. | ¿Qué es esto que llego a ver? |
| ESTRELLA. | ¡Llegad todos a ayudar! |

(Vase.)

1425. Capitán: «Con un hombre como yo, / y en servicio del rey, no / se puede hacer. / Crespo: Probaremos» *(El alcalde de Zalamea,* II, 9, vv. 555-557).

1426. El cortesano habla en sentido jurídico. Él tiene ciertos derechos que deben respetarse en cualquier proceso legal. Segismundo ignora el mundo de los procesos y los títulos; para él poder es poder físico. Los motivos justo gusto y el balcón recuerdan a Enrico en *El condenado por desconfiado.*

SEGISM.	Cayó del balcón al mar;	1430
	¡vive Dios, que pudo ser!	
ASTOLFO.	Pues medid con más espacio	
	vuestras acciones severas,	
	que lo que hay de hombres a fieras,	
	hay desde un monte a palacio.	1435
SEGISM.	Pues en dando tan severo	
	en hablar con entereza,	
	quizá no hallaréis cabeza	
	en que se os tenga el sombrero.	

(Vase ASTOLFO *y sale el* REY.)

[ESCENA VI]

BASILIO.	¿Qué ha sido esto?	
SEGISM.	Nada ha sido;	1440
	a un hombre, que me ha cansado	
	dese balcón he arrojado.	
CLARÍN.	Que es el rey está advertido.	
BASILIO.	¿Tan presto una vida cuesta	
	tu venida el primer día?	1445
SEGISM.	Díjome que no podía	
	hacerse, y gané la apuesta.	
BASILIO.	Pésame mucho que cuando,	
	príncipe, a verte he venido,	
	pensando hallarte advertido,	1450
	de hados y estrellas triunfando,	
	con tanto rigor te vea,	
	y que la primera acción	
	que has hecho en esta ocasión	
	un grave homicidio sea.	1455
	¿Con qué amor llegar podré	
	a darte agora mis brazos,	

1430. Algunos editores se preguntan si Polonia tenía mar en tiempo de Calderón. La pregunta es inútil para nuestra obra. Aquí el mar y cualquier otro elemento de paisaje son puros signos literarios, funciones textuales.

si de sus soberbios lazos,
que están enseñados sé
  a dar muertes? ¿Quién llegó 1460
a ver desnudo el puñal
que dio una herida mortal,
que no temiese? ¿Quién vio
  sangriento el lugar, adonde
a otro hombre dieron muerte, 1465
que no sienta?, que el más fuerte
a su natural responde.
  Yo así, que en tus brazos miro
desta muerte el instrumento,
y miro el lugar sangriento, 1470
de tus brazos me retiro;
  y aunque en amorosos lazos
ceñir tu cuello pensé,
sin ellos me volveré,
que tengo miedo a tus brazos. 1475

SEGISM.   Sin ellos me podré estar
como me he estado hasta aquí;
que un padre que contra mí
tanto rigor sabe usar,
  que con condición ingrata 1480
de su lado me desvía,
como a una fiera me cría,
y como a un monstruo me trata
  y mi muerte solicita,
de poca importancia fue 1485
que los brazos no me dé,
cuando el ser de hombre me quita.

BASILIO.   Al cielo y a Dios pluguiera
que a dártele no llegara;

1478. Segismundo responde certero. El padre hubiera debido ser piadoso; en cambio se ha portado con rigor. No ha educado al hijo como hijo ni como príncipe. Por eso le ha quitado el ser que originalmente le dio.

1487. Este razonamiento de Segismundo está basado en la doctrina católica sobre los fines del matrimonio, como hemos explicado en la introducción. Si Basilio no hubiera engendrado a Segismundo, éste no se podría quejar; pero una vez engendrado y nacido, no educarle era hacerle una fiera, un ser contradictorio.

	pues ni tu voz escuchara,	1490
	ni tu atrevimiento viera.	
SEGISM.	Si no me le hubieras dado,	
	no me quejara de ti;	
	pero una vez dado, sí,	
	por habérmele quitado;	1495
	que aunque el dar el acción es	
	más noble y más singular,	
	es mayor bajeza el dar,	
	para quitarlo después.	
BASILIO.	¡Bien me agradeces el verte	1500
	de un humilde y pobre preso	
	príncipe ya!	
SEGISM.	Pues en eso,	
	¿qué tengo que agradecerte?	
	Tirano de mi albedrío,	
	si viejo y caduco estás	1505
	muriéndote ¿qué me das?	
	¿Dasme más de lo que es mío?	
	Mi padre eres y mi rey;	
	luego toda esta grandeza	
	me da la naturaleza	1510
	por derechos de su ley.	
	Luego aunque esté en este estado,	
	obligado no te quedo,	
	y pedirte cuentas puedo	
	del tiempo que me has quitado	1515
	libertad, vida y honor;	
	y así, agradéceme a mí	
	que yo no cobre de ti,	
	pues eres tú mi deudor.	
BASILIO.	Bárbaro eres y atrevido:	1520
	cumplió su palabra el cielo;	

1498. «No sería acción de generosos volver a quitar la prenda siendo cruel, que una vez se dio por ser piadosa» (Tirso, *El bandolero*, cap. 8, pág. 196).

1510. Segismundo repite lo que había reconocido Basilio en v. 770: «el derecho que le dieron / humano fuero y divino».

y así, para él mismo apelo,
soberbio desvanecido.
　　Y aunque sepas ya quién eres,
y desengañado estés,　　　　　　　　　　　1525
y aunque en un lugar te ves
donde a todos te prefieres,
　　mira bien lo que te advierto:
que seas humilde y blando,
porque quizá estás soñando,　　　　　　　　1530
aunque ves que estás despierto.

　　　　　　　　　　(Vase.)

SEGISM.　　　¿Que quizá soñando estoy,
aunque despierto me veo?
No sueño, pues toco y creo
lo que he sido y lo que soy.　　　　　　　　1535
　　Y aunque agora te arrepientas,
poco remedio tendrás:
sé quien soy, y no podrás,
aunque suspires y sientas,
　　quitarme el haber nacido　　　　　　　1540
desta corona heredero;
y si me viste primero
a las prisiones rendido,
　　fue porque ignoré quién era;
pero ya informado estoy　　　　　　　　　1545
de quién soy, y sé que soy
un compuesto de hombre y fiera.

1523. Soberbio desvanecido es un insulto lanzado por Basilio contra Segismundo, es un vocativo. En la edición anterior lo entendí como si Basilio
confesara que apela soberbio al cielo.

1534-1535. La capacidad de identificarse con el yo del pasado es el criterio
para distinguir la percepción auténtica de la pura imagen del sueño.

1547. Este verso hace explícito el significado de «violento» (v. 1), signo
fundamental del drama. Desde ahora todas las actuaciones de Segismundo
seguirán la estructura de un impulso pasional reprimido por la razón: y el
dominio de sí mismo: «loco deseo» (v. 1648).

[ESCENA VII]

(Sale Rosaura, *dama.)*

Rosaura.	Siguiendo a Estrella vengo,
	y gran temor de hallar a Astolfo tengo;
	que Clotaldo desea; 1550
	que no sepa quién soy, y no me vea,
	porque dice que importa al honor mío;
	y de Clotaldo fío
	su efeto, pues le debo agradecida
	aquí el amparo de mi honor y vida. 1555
Clarín.	¿Qué es lo que te ha agradado
	más de cuanto hoy has visto y admirado?
Segism.	Nada me ha suspendido,
	que todo lo tenía prevenido.
	Mas, si admirar hubiera 1560
	algo en el mundo, la hermosura fuera
	de la mujer. Leía
	una vez en los libros que tenía,
	que lo que a Dios mayor estudio debe
	era el hombre, por ser un mundo breve; 1565
	mas ya que lo es recelo

1559. Segismundo no podía tener prevenidas las experiencias del palacio. El verbo prevenir no lo podemos entender en su sentido actual. Lo que Segismundo dice es que él no espera mucho de la vida y sabe que en ella pueden ocurrir extremos de mal y de bien que sobrepasan cuanto podemos imaginar. Por eso no le extraña nada. Doctrina de Séneca: «Necesse est itaque magis corruamus, quia ex inopinato ferimur; quae multo ante praevisa sunt languidius incurrunt... Quotiens aliquis ad latus aut pone tergum ceciderit, exclama: "non decipies me, Fortuna, nec securum aut neglegentem opprimes... Aufert vim praesentibus malis qui futura prospexit"» *(De consolatione ad Marciam,* IX, 1-5).

1565-1567. Sobre el hombre como mundo breve, cfr. Francisco Rico, *El pequeño mundo del hombre,* Madrid, Castalia, 1971. Para Calderón, además del capítulo de Rico, F. W. V. Schmidt, *Die Schauspiele Calderons,* Elberfeld, 1857, pág. 353. Farinelli, *op. cit.,* II, págs. 95 y 336, nota 92. Joseph Fucilla cita una redon-

	la mujer, pues ha sido un breve cielo,
	y más beldad encierra
	que el hombre, cuanto va de cielo a tierra, 1570
	y más si es la que miro.
ROSAURA.	El príncipe está aquí; yo me retiro.
SEGISM.	Oye, mujer, detente;
	no juntes el ocaso y el oriente
	huyendo al primer paso;
	que juntos el oriente y el ocaso, 1575
	la lumbre y sombra fría,
	serás sin duda síncopa del día.
	Pero ¿qué es lo que veo?
ROSAURA.	Lo mismo que estoy viendo dudo y creo. 1580
SEGISM.	Yo he visto esta belleza
	otra vez.
ROSAURA.	Yo esta pompa, esta grandeza
	he visto reducida
	a una estrecha prisión.
SEGISM.	Ya hallé mi vida.
	Mujer, que aqueste nombre
	es el mejor requiebro para el hombre: 1585
	¿quién eres? Que sin verte
	adoración me debes, y de suerte
	por la fe te conquisto,

---

dilla anónima de las *Flores de poetas ilustres* (1605), editadas por Pedro de Espinosa:

> Si un mundo abreviado es / cualquier hombre que hay criado / vos sois un cielo abreviado, / que el mundo está a vuestros pies («Un mundo breve and un breve cielo», *RomN*, 5 [1963], págs. 53-54).

1577. Síncopa: «Desaparición de un sonido o grupo de sonidos en el interior de una palabra: calidus, caldus, caldo» (F. Lázaro Carreter, *Diccionario de términos filológicos*, 3.ª ed., Madrid, Gredos, 1968, art. síncopa). El día se acortará repentinamente si Rosaura se lleva la luz al irse.

1588. Fe... visto. Segismundo no conoce ni reconoce a Rosaura, pero tiene su rostro grabado desde que la vio vestida de hombre. «Conquisto» no significa posesión amorosa en este caso; significa: estoy seguro de quién eres y aunque no recuerdo dónde te he visto, la fe (conocimiento incitado y sostenido por la voluntad, el amor y la adoración [v. 1587]) me persuade de que

	que me persuado a que otra vez te he visto.	
	¿Quién eres, mujer bella?	1590
ROSAURA.	(Disimular me importa.) Soy de Estrella	
	una infelice dama.	
SEGISM.	No digas tal, di el sol, a cuya llama	
	aquella estrella vive,	
	pues en tus rayos resplandor recibe.	1595

Yo vi en reino de olores
que presidía entre comunes flores
    la deidad de la rosa,
y era su emperatriz por más hermosa.
    Yo vi entre piedras finas   1600
de la docta academia de sus minas
    preferir el diamante,
y ser su emperador por más brillante.
    Yo en esas cortes bellas
de la inquieta república de estrellas,   1605
    vi en el lugar primero,
por rey de las estrellas el lucero.
    Yo en esferas perfetas
llamando el sol a cortes los planetas,
    le vi que presidía,   1610
como mayor oráculo del día.
    Pues ¿cómo si entre estrellas,
piedras, planetas, flores, las más bellas
    prefieren, tú has servido
la de menos beldad, habiendo sido   1615
    por más bella y hermosa,
sol, lucero, diamante, estrella y rosa?

---

te he visto otra vez. «Adoración me debes» no es «debes adorarme», sino «debes agradecerme el hecho de que te adoro».

1597. La posición del *que* puede inducir a error; no es un relativo que tenga por antecedente a olores, sino una conjunción: «yo vi en el reino de los olores, que la rosa presidía entre las flores ordinarias».

1601. Los doctos académicos preferían el diamante. Los mundos de los olores, de las piedras, estrellas y planetas están humanizados como reinos en los que preside el de mayor valor. El poema detiene la acción dramática y demuestra que Calderón concebía la comedia como especie del género poesía; por eso da sustantividad a la palabra, no sólo al espectáculo.

[ESCENA VIII]

(Sale CLOTALDO.)

CLOTALDO.   A Segismundo reducir deseo,
porque en fin le he criado; mas ¿qué veo?

ROSAURA.   Tu favor reverencio: 1620
respóndate retórico el silencio.
    Cuando tan torpe la razón se halla,
mejor habla, señor, quien mejor calla.

SEGISM.   No has de ausentarte, espera.
    ¿Cómo quieres dejar desa manera   1625
a escuras mi sentido?

ROSAURA.   Esta licencia a Vuestra Alteza pido.

SEGISM.   Irte con tal violencia
no es pedir, es tomarte la licencia.

ROSAURA.   Pues si tú no la das, tomarla espero.   1630

SEGISM.   Harás que de cortés pase a grosero,
    porque la resistencia
es veneno cruel de mi paciencia.

ROSAURA.   Pues cuando ese veneno,
de furia, de rigor y saña lleno,   1635
    la paciencia venciera,
mi respeto no osara ni pudiera.

SEGISM.   Sólo por ver si puedo,
harás que pierda a tu hermosura el miedo,

1637-1638. Rosaura razona como las víctimas anteriores; pone como ta-
lanquera defensiva su condición de dama y de mujer con derechos reconoci-
dos. Segismundo repite lo que hizo con el cortesano adulador de Astolfo.
«Mi respeto» (v. 192) significa la consideración objetiva que se tiene hacia
mí (cfr. v. 3152), no la que yo tengo hacia otro. Este sentido subjetivo es el
corriente para nosotros y aparece en v. 963. «Acostúmbrese el príncipe desde
su primera edad a mostrarse benigno con sus iguales y a no castigar con su
propia mano a nadie, cosa que sería altamente vergonzosa... Lejos del príncipe ese feo destino de verdugo» (Mariana, *op. cit.*, pág. 522b). Una vez más
encontramos a Segismundo tomándose la justicia par su mano.

	que soy muy inclinado	1640
	a vencer lo imposible; hoy he arrojado	
	de ese balcón a un hombre, que decía	
	que hacerse no podía;	
	y así por ver si puedo, cosa es llana	
	que arrojaré tu honor por la ventana.	1645
CLOTALDO.	Mucho se va empellando.	
	¿Qué he de hacer, cielos, cuando	
	tras un loco deseo	
	mi honor segunda vez a riesgo veo?	
ROSAURA.	No en vano prevenía	1650
	a este reino infeliz tu tiranía	
	escándalos tan fuertes	
	de delitos, traiciones, iras, muertes.	
	Mas ¿qué ha de hacer un hombre,	
	que no tiene de humano más que el	
	[nombre,	1655
	atrevido, inhumano,	
	cruel, soberbio, bárbaro y tirano,	
	nacido entre las fieras?	
SEGISM.	Porque tú ese baldón no me dijeras	
	tan cortés me mostraba,	1660
	pensando que con eso te obligaba;	
	mas si lo soy hablando deste modo,	
	has de decirlo, vive Dios, por todo.	
	Hola, dejadnos solos, y esa puerta	
	se cierre y no entre nadie.	

(Vase CLARÍN.*)*

1655. El insulto excita a la fiera que no está del todo vencida. Contraste con v. 188, cuando la palabra «humano» introduce en el hombre primitivo el primer germen de civilización. En otros momentos se alude a lo aprendido por Segismundo en la torre: la religión católica, la constitución del hombre como microcosmos y la solidaridad de los animales con los otros individuos de su especie. En la corte habla como quien hubiera leído al Padre Mariana y otros escritores políticos. Estos datos, sin embargo, son menos significantes en el texto que la admiración por la belleza de Rosaura. Por eso puede sostenerse que Rosaura civiliza a Segismundo.

ROSAURA.   Yo soy muerta.   1665
          Advierte...
SEGISM.   Soy tirano,
          y ya pretendes reducirme en vano.
CLOTALDO.   ¡Oh, qué lance tan fuerte!
          Saldré a estorbarlo, aunque me dé la muerte.
            Señor, atiende, mira.   1670
SEGISM.   Segunda vez me has provocado a ira,
            viejo caduco y loco.
          ¿Mi enojo y mi rigor tienes en poco?
          ¿Cómo hasta aquí has llegado?
CLOTALDO.   De los acentos desta voz llamado,   1675
            a decirte que seas
          más apacible, si reinar deseas,
            y no por verte ya de todos dueño,
          seas cruel, porque quizá es un sueño.
SEGISM.   A rabia me provocas,   1680
          cuando la luz del desengaño tocas.
            Veré, dándote muerte,
          si es sueño o si es verdad.

(Al ir a sacar la daga se la detiene CLOTALDO, *y se arrodilla):*

CLOTALDO.   Yo desta suerte
            librar mi vida espero.
SEGISM.   Quita la osada mano del acero.   1685
CLOTALDO.   Hasta que gente venga
          que tu rigor y cólera detenga,
            no he de soltarte.
ROSAURA.   ¡Ay cielos!
SEGISM.   Suelta, digo,
          caduco loco, bárbaro enemigo,
            o será desta suerte *(Luchan.)*   1690
          el darte agora entre mis brazos muerte.
ROSAURA.   ¡Acudid todos, presto,
          que matan a Clotaldo!

(Vase.)

(Sale ASTOLFO *a tiempo que cae* CLOTALDO *a sus pies,*
y él se pone en medio.)

[ESCENA IX]

ASTOLFO.　　　　　　　¿Pues qué es esto,
　　　príncipe generoso?
　　　¿Así se mancha acero tan brioso　　　　1695
　　　en una sangre helada?
　　　Vuelva a la vaina tu lucida espada.
SEGISM.　　　En viéndola teñida
　　　en esa infame sangre.
ASTOLFO.　　　　　　　　Ya su vida
　　　tomó a mis pies sagrado,　　　　　　1700
　　　y de algo ha de servirme haber llegado.
SEGISM.　　　Sírvate de morir; pues desta suerte
　　　también sabré vengarme con tu muerte
　　　de aquel pasado enojo.
ASTOLFO.　　　　　　　　　Yo defiendo
　　　mi vida; así la majestad no ofendo.　　　1705

(Sacan las espadas, y sale el REY BASILIO, *y* ESTRELLA.*)*

[ESCENA X]

CLOTALDO.　No le ofendas, señor.
BASILIO.　　　　　　　　　¿Pues aquí espadas?
ESTRELLA.　¡Astolfo es, ay de mí, penas airadas!
BASILIO.　　¿Pues qué es lo que ha pasado?
ASTOLFO.　　Nada, señor, habiendo tú llegado.

(Envainan.)

　1705. Astolfo hace ver claro que lucha sólo en defensa, sin ofender al
príncipe legítimo. Calderón no puede nunca justificar el levantamiento contra el príncipe.

SEGISM.	Mucha, señor, aunque hayas tú venido; 1710
	yo a ese viejo matar he pretendido.
BASILIO.	¿Respeto no tenías
	a estas canas?
CLOTALDO.	Señor, ved que son mías;
	que no importa veréis.
SEGISM.	Acciones vanas,
	querer que tenga yo respeto a canas; 1715
	pues aun ésas podría
	ser que viese a mis plantas algún día,
	porque aún no estoy vengado
	del modo injusto con que me has criado. *(Vale.)*
BASILIO.	Pues antes que lo veas, 1720
	volverás a dormir adonde creas
	que cuanto te ha pasado,
	como fue bien del mundo, fue soñado.

(Vase el REY, *y* CLOTALDO.*)*

[ESCENA XI]

(Quedan ESTRELLA *y* ASTOLFO.*)*

ASTOLFO.	¡Qué pocas veces el hado
	que dice desdichas miente, 1725
	pues es tan cierto en los males,
	como dudoso en los bienes!
	¡Qué buen astrólogo fuera
	si siempre casos crueles

1715. Segismundo no puede tener respeto a las canas, porque los viejos, que son proverbialmente la sede de la prudencia, han actuado como curiosos impertinentes. Hay un perfecto paralelo entre este paso y las relaciones de Hamlet con Polonius en la obra de Shakespeare.

1716. Cfr. vv. 721 y 3147. Se anticipa el fin. El texto variado y múltiple cobra unidad estructural por medio de las anticipaciones o por la repetición de ciertos motivos como el del sueño.

1720. Una vez más, la polifonía de Calderón. El rey pretende negar que tal cosa pueda ocurrir, pero de hecho afirma que ocurrirá después de que Segismundo vuelva nuevamente a la torre.

144

anunciara, pues no hay duda 1730
que ellos fueran verdad siempre!
Conocerse esta experiencia
en mí y Segismundo puede,
Estrella, pues en los dos
hizo muestras diferentes. 1735
En él previno rigores,
soberbias, desdichas, muertes,
y en todo dijo verdad,
porque todo, al fin, sucede.
Pero en mí, que al ver, señora, 1740
esos rayos excelentes,
de quien el sol fue una sombra
y el cielo un amago breve,
que me previno venturas,
trofeos, aplausos, bienes, 1745
dijo mal, y dijo bien;
pues sólo es justo que acierte
cuando amaga con favores
y ejecuta con desdenes.

ESTRELLA.   No dudo que esas finezas 1750
son verdades evidentes;
mas serán por otra dama,
cuyo retrato pendiente
trujistes al cuello cuando
llegasteis, Astolfo, a verme; 1755
y siendo así, esos requiebros
ella sola los merece.
Acudid a que ella os pague,
que no son buenos papeles

1759-1761. «Buenos papeles» son los memoriales de servicios. Se presentan en el Consejo de amor para recibir mercedes, como los memoriales se presentaban en los Consejos del rey. Las *fees*, plural de fe; aunque nunca corriente y hoy desaparecido, se encuentran algunos ejemplos:
Pues juro por los ojos do me enciendo,
que solamente escribo por que veas
con cuantas fes fundar mi fe pretendo.
(Francisco de Aldana, Epístola I. En *Poesías*, edición de Elías Rivers, Madrid, Espasa-Calpe, 1966, pág. 45).

en el consejo de amor   1760
las finezas ni las fees
que se hicieron en servicio
de otras damas y otros reyes.

[ESCENA XII]

(Sale ROSAURA *al paño.)*

ROSAURA.   ¡Gracias a Dios que han llegado
            ya mis desdichas crueles   1765
            al término suyo, pues
            quien esto ve nada teme!
ASTOLFO.   Yo haré que el retrato salga
            del pecho, para que entre
            la imagen de tu hermosura.   1770
            Donde entra Estrella no tiene
            lugar la sombra, ni estrella
            donde el sol; voy a traerle.
            Perdona, Rosaura hermosa, *(Aparte.)*
            este agravio, porque ausente,   1775
             no se guardan más fe que ésta
            los hombres y las mujeres.

(Vase.)

ROSAURA.   Nada he podido escuchar,
            temerosa que me viese.
ESTRELLA.   ¡Astrea!

_____

1774. Ya en v. 1588 Segismundo indica que lleva la imagen de Rosaura en su memoria. Astolfo lleva pendiente el retrato de Rosaura como un medallón; pero debe arrancárselo para que entre en el pecho la imagen de Estrella. Motivo poético del *dolce stil nuovo*, recogido en la poesía profana y mística. «Escrito está en mi alma vuestro gesto» (Garcilaso, soneto V); «los ojos deseados / que tengo en mis entrañas dibujados» (San Juan de la Cruz, *Cántico espiritual)*. La primera rima de Gino de Pistoia (1270-1337) comienza: «Veduto han gli occhi miei si bella cosa, / che dentro dal mio cor dipinta l'hanno.»

ROSAURA.	Señora mía.	1780
ESTRELLA.	Heme holgado que tú fueses	
	la que llegaste hasta aquí;	
	porque de ti solamente	
	fiara un secreto.	
ROSAURA.	Honras,	
	señora, a quien te obedece.	1785
ESTRELLA.	En el poco tiempo, Astrea,	
	que ha que te conozco, tienes	
	de mi voluntad las llaves;	
	por esto, y por ser quien eres,	
	me atrevo a fiar de ti	1790
	lo que aun de mí muchas veces	
	recaté.	
ROSAURA.	Tu esclava soy.	
ESTRELLA.	Pues para decirlo en breve,	
	mi primo Astolfo (bastara	
	que mi primo te dijese,	1795
	porque hay cosas que se dicen	
	con pensarlas solamente),	
	ha de casarse conmigo,	
	si es que la fortuna quiere	
	que con una dicha sola	1800
	tantas desdichas descuente.	
	Pesóme que el primer día	
	echado al cuello trujese	
	el retrato de una dama;	
	habléle en él cortésmente,	1805
	es galán, y quiere bien;	
	fue por él y ha de traerle	
	aquí; embarázame mucho	
	que él a mi a dármele llegue:	
	quédate aquí, y cuando venga,	1810
	le dirás que te le entregue	
	a ti. No te digo más;	

1789. Por ser quien eres. Cfr. v. 3264: «ella no sabe quién es». Fórmulas interesantes para entender los problemas sobre la identidad del yo en la literatura y pensamiento del siglo XVII.

discreta y hermosa eres,
bien sabrás lo que es amor.

(Vase.)

[ESCENA XIII]

ROSAURA.   ¡Ojalá no lo supiese!   1815
¡Válgame el cielo! ¡Quién fuera
tan atenta y tan prudente,
que supiera aconsejarse
hoy en ocasión tan fuerte!
¿Habrá persona en el mundo   1820
a quien el cielo inclemente
con más desdichas combata
y con más pesares cerque?
¿Qué haré en tantas confusiones,
donde imposible parece   1825
que halle razón que me alivie,
ni alivio que me consuele?
Desde la primer desdicha,
no hay suceso ni accidente
que otra desdicha no sea;   1830
que unas a otras suceden,
herederas de sí mismas.
A la imitación del Fénix
unas de las otras nacen,
viviendo de lo que mueren,   1835
y siempre de sus cenizas
está el sepulcro caliente.
Que eran cobardes, decía
un sabio, por parecerle
que nunca andaba una sola;   1840

1815. El monólogo perfila el carácter impulsivo y pasional de Rosaura, como ya lo conocemos desde su entrada en escena y como ella misma lo definirá en vv. 2690 y ss.

1840. «No se atreven las desdichas a andar solas: llegó la mayor tras la primera» (Tirso, *El bandolero,* cap. 6, pág. 168).

yo digo que son valientes,
pues siempre van adelante
y nunca la espalda vuelven.
Quien las llevare consigo
a todo podrá atreverse,   1845
pues en ninguna ocasión
no haya miedo que le dejen.
Dígalo yo, pues en tantas
como a mi vida suceden,
nunca me he hallado sin ellas,   1850
ni se han cansado hasta verme
herida de la fortuna
en los brazos de la muerte.
¡Ay de mí! ¿Qué debo hacer
hoy en la ocasión?   1855
Si digo quién soy, Clotaldo,
a quien mi vida le debe
este amparo y este honor,
conmigo ofenderse puede,
pues me dice que callando   1860
honor y remedio espere.
Si no he de decir quién soy
a Astolfo, y él llega a verme,
¿cómo he de disimular?
Pues aunque fingirlo intenten   1865
la voz, la lengua y los ojos,
les dirá el alma que mienten.
¡Qué haré? Mas ¿para qué estudio
lo que haré, si es evidente
que por más que lo prevenga,   1870
que lo estudie y que lo piense,
en llegando la ocasión
ha de hacer lo que quisiere

1870. Drama de las decisiones difíciles. El entendimiento puede deliberar
mucho tiempo y al final la decisión es un salto motivado por las razones
conscientes e impulsos y deseos subconscientes. Calderón aprovecha la antropología escolástica para crear diálogos interiores, psicomaquías en cada
uno de sus personajes.

el dolor?, porque ninguno
imperio en sus penas tiene.   1875
Y pues a determinar
lo que he de hacer no se atreve
el alma, llegue el dolor
hoy a su término, llegue
la pena a su extremo, y salga   1880
de dudas y pareceres
de una vez; pero hasta entonces,
¡valedme, cielos, valedme!

[ESCENA XIV]

(Sale ASTOLFO *con el retrato.)*

ASTOLFO.   Éste es, señora, el retrato;
             mas ¡ay Dios!
ROSAURA.   ¿Qué se suspende   1885
             Vuestra Alteza? ¿Qué se admira?
ASTOLFO.   De oírte, Rosaura, y verte.
ROSAURA.   ¿Yo Rosaura? Hase engañado
             Vuestra Alteza, ¿si me tiene
             por otra dama?; que yo   1890
             soy Astrea, y no merece
             mi humildad tan grande dicha
             que esa turbación le cueste.
ASTOLFO.   Basta, Rosaura, el engaño,
             porque el alma nunca miente,   1895
             y aunque como Astrea te mire,
             como a Rosaura te quiere.
ROSAURA.   No he entendido a Vuestra Alteza,
             y así no sé responderle.

1885. Astolfo se encuentra con la experiencia de la vida como sueño. La
visión inesperada le hace dudar de lo que ve. Una vez más el motivo cervan-
tino del yelmo y la bacía. Toda la escena del retrato y las ingeniosas salidas de
los personajes y del autor son un inciso de comedia de capa y espada.

	Sólo lo que yo diré	1900
	es que Estrella (que lo puede	
	ser de Venus) me mandó	
	que en esta parte le espere,	
	y de la suya le diga,	
	que aquel retrato me entregue,	1905
	que está muy puesto en razón,	
	y yo misma se lo lleve.	
	Estrella lo quiere así,	
	porque aun las cosas más leves	
	como sean en mi daño,	1910
	es Estrella quien las quiere.	
ASTOLFO.	Aunque más esfuerzos hagas,	
	¡oh, qué mal, Rosaura, puedes	
	disimular! Di a los ojos	
	que su música concierten	1915
	con la voz; porque es forzoso	
	que desdiga y que disuene	
	tan destemplado instrumento,	
	que ajustar y medir quiere	
	la falsedad de quien dice	1920
	con la verdad de quien siente.	
ROSAURA.	Ya digo que sólo espero	
	el retrato.	
ASTOLFO.	Pues que quieres	
	llevar al fin el engaño,	
	con él quiero responderte.	1925
	Dirásle, Astrea, a la infanta,	
	que yo la estimo de suerte	
	que, pidiéndome un retrato,	
	poca fineza parece	
	enviársele, y así,	1930
	porque le estime y le precie,	
	le envío el original;	
	y tú llevársele puedes,	
	pues ya le llevas contigo,	
	como a ti misma te lleves.	1935
ROSAURA.	Cuando un hombre se dispone,	
	restado, altivo y valiente,	

	a salir con una empresa,	
	aunque por trato le entreguen	
	lo que valga más, sin ella	1940
	necio y desairado vuelve.	
	Yo vengo por un retrato,	
	y aunque un original lleve	
	que vale más, volveré	
	desairada: y así, deme	1945
	Vuestra Alteza ese retrato,	
	que sin él no he de volverme.	

ASTOLFO.   ¿Pues cómo, si no he de darle,
            le has de llevar?
ROSAURA.   Desta suerte.
            ¡Suéltale, ingrato!
ASTOLFO.   Es en vano.   1950
ROSAURA.   ¡Vive Dios, que no ha de verse
            en manos de otra mujer!
ASTOLFO.   Terrible estás.
ROSAURA.   ¡Y tú aleve!
ASTOLFO.   Ya basta, Rosaura mía.
ROSAURA.   ¿Yo tuya, villano? ¡Mientes!   1955

[ESCENA XV]

(Sale ESTRELLA.*)*

ESTRELLA.   Astrea, Astolfo, ¿qué es esto?
ASTOLFO.   Aquésta es Estrella.
ROSAURA.   Deme *(Aparte.)*
            para cobrar mi retrato
            ingenio el amor. Si quieres
            saber lo que es, yo señora,   1960
            te lo diré.
ASTOLFO.   ¿Qué pretendes?

1937. «Restado»: atrevido, con arrestos. Cfr. v. 2531. En otras obras de
Calderón tiene el sentido de arrestado (detenido), y de retado.

ROSAURA.	Mandásteme que esperase
	aquí a Astolfo, y le pidiese
	un retrato de tu parte.
	Quedé sola, y como vienen 1965
	de unos discursos a otros
	las noticias fácilmente,
	viéndote hablar de retratos,
	con su memoria acordéme
	de que tenía uno mío 1970
	en la manga, quise verle,
	porque una persona sola
	con locuras se divierte.
	Cayóseme de la mano
	al suelo; Astolfo, que viene 1975
	a entregarte el de otra dama,
	le levantó y tan rebelde
	está en dar el que le pides,
	que en vez de dar uno, quiere
	llevar otro. Pues el mío 1980
	aún no es posible volverme
	con ruegos y persuasiones,
	colérica y impaciente
	yo se le quise quitar.
	Aquel que en la mano tiene 1985
	es mío; tú lo verás
	con ver si se me parece.
ESTRELLA.	Soltad, Astolfo, el retrato.

(Quítasele.)

ASTOLFO.	Señora...
ESTRELLA.	No son crueles
	a la verdad los matices. 1990

1971. Manga: «cierto género de cojín o maleta, abierta por las dos cabeceras por donde se cierra y asegura con unos cordones» *(DA)*. «Y acabaré con algunas enigmas, que por no ser amigo de libros que las damas no puedan traerlos en la manga y los galanes en la faltriquera, no hice mayor volumen» (J. de Covarrubias y Herrera, *La enamorada Elisea*, Gallardo, *Ensayo*, II, 482).

ROSAURA.	¿No es mío?
ESTRELLA.	¿Qué duda tiene?
ROSAURA.	Di que aora te entregue el otro.
ESTRELLA.	Toma tu retrato, y vete.
ROSAURA.	*(Aparte.)* Yo he cobrado mi retrato,

venga aora lo que viniere.   1995

(Vase.)

[ESCENA XVI]

ESTRELLA. Dadme aora el retrato vos
que os pedí, que aunque no piense
veros ni hablaros jamás,
no quiero, no, que se quede
en vuestro poder, siquiera   2000
porque yo tan neciamente
lo he pedido.

ASTOLFO.   ¿Cómo puedo *(Aparte.)*
salir de lance tan fuerte?
Aunque quiera, hermosa Estrella,
servirte y obedecerte,   2005
no podré darte el retrato
que me pides, porque...

ESTRELLA.   Eres
villano y grosero amante.
No quiero que me le entregues:
porque yo tampoco quiero,   2010
con tomarle, que me acuerdes
de que yo te le he pedido.

(Vase.)

ASTOLFO. ¡Oye, escucha, mira, advierte!
¡Válgate Dios por Rosaura!

2014. Construcción hoy casi desaparecida, pero que se encuentra frecuentemente en Calderón: «Válgate Dios por retrato» *(Bien vengas mal,* I, 15, BAE, 14,
pág. 314a); «Válgate Dios por retrato / en qué confusión me has puesto»

¿Donde, cómo o de qué suerte 2015
hoy a Polonia has venido
a perderme y a perderte?

[ESCENA XVII]

(Descúbrese Segismundo *como al principio, con pieles y cadena, durmiendo en el suelo. Salen* Clotaldo, Clarín *y los dos* Criados.)

CLOTALDO.   Aquí le habéis de dejar,
pues hoy su soberbia acaba
donde empezó.
(CRIADO) 1.º   Como estaba 2020
la cadena vuelvo a atar.
CLARÍN.   No acabes de despertar,
Segismundo, para verte
perder, trocada la suerte,
siendo tu gloria fingida, 2025
una sombra de la vida
y una imagen de la muerte.
CLOTALDO.   A quien sabe discurrir
así, es bien que se prevenga
una estancia, donde tenga 2030
harto lugar de argüir.
Éste es el que habéis de asir
y en ese cuarto encerrar.
CLARÍN.   ¿Por qué a mí?
CLOTALDO.   Porque ha de estar
guardado en prisión tan grave, 2035
Clarín que secretos sabe,
donde no pueda sonar.
CLARÍN.   ¿Yo, por dicha, solicito
dar muerte a mi padre? No.
¿Arrojé del balcón yo 2040

_____

(ibíd., pág. 315c). «Válgate Dios por dormido» (Tirso, *Mari Hernández la galle-ga,* 1-10, 11, 75b); «válgate el diablo por tierra» *(ibíd.,* III, 17, 104b).

al Ícaro de poquito?
¿Yo muero ni resucito?
¿Yo sueño o duermo? ¿A qué fin
me encierran?

CLOTALDO.   Eres Clarín.
CLARÍN.   Pues ya digo que seré   2045
corneta, y que callaré,
que es instrumento rüin.

(Llévanle.)

[ESCENA VIII]

(Sale el REY BASILIO *rebozado.)*

BASILIO.   Clotaldo.
CLOTALDO.   ¡Señor!, ¿así
viene Vuestra Majestad?
BASILIO.   La necia curiosidad   2050
de ver lo que pasa aquí
a Segismundo (¡ay de mí!)
deste modo me ha traído.
CLOTALDO.   Mírale allí reducido
a su miserable estado.   2055
BASILIO.   ¡Ay, príncipe desdichado,
y en triste punto nacido!
Llega a despertarle ya,
que fuerza y vigor perdió
ese lotos que bebió.   2060
CLOTALDO.   Inquieto, señor, está,
y hablando.

2050. Rebozarse era indigno del rey. Él mismo reconoce su «necia curiosidad», sinónima en este caso de la curiosidad impertinente de Cervantes. La
curiosidad es un vicio opuesto a la virtud de la estudiosidad, o sea, del interés
legítimo por un asunto. Un rey debe ser estudioso, no curioso. Mencía en *El
médico de su honra* tiene el mismo vicio, típico de la mujer en la ideología escolástica. Santo Tomás, *Suma teológica*, II-II, cuestión 167.
2060. Calderón usa el término lotos como sinónimo de narcótico.

BASILIO.	¿Qué soñará
	agora? Escuchemos, pues.
SEGISM.	*(En sueños.)*
	Piadoso príncipe es
	el que castiga tiranos: 2065
	muera Clotaldo a mis manos,
	bese mi padre mis pies.
CLOTALDO.	Con la muerte me amenaza.
BASILIO.	A mí con rigor y afrenta.
CLOTALDO.	Quitarme la vida intenta. 2070
BASILIO.	Rendirme a sus plantas traza.
SEGISM.	*(En sueños.)*
	Salga a la anchurosa plaza
	del gran teatro del mundo
	este valor sin segundo.
	Porque mi venganza cuadre, 2075
	vean triunfar de su padre
	al príncipe Segismundo. *(Despierta.)*
	Mas ¡ay de mí! ¿Dónde estoy?
BASILIO.	Pues a mí no me ha de ver;
	ya sabes lo que has de hacer. 2080
	Desde allí a escucharle voy.

(Retírase.)

SEGISM.	¿Soy yo por ventura? ¿Soy
	el que preso y aherrojado
	llego a verme en tal estado?
	¿No sois mi sepulcro vos, 2085
	torre? Sí. ¡Válgame Dios,
	qué de cosas he soñado!
CLOTALDO.	A mí me toca llegar
	a hacer la deshecha agora.

2072. Aquí el sueño tiene sentido profético como los de José en el *Génesis* (cfr. *Sueños hay que verdad son*). Segun Freud el origen del contenido de los sueños es siempre un deseo. Suponiendo que se diera en Segismundo, cuando se despierta el dictado de la razón vence al deseo pasional.

2089. Deshecha: «Disimulo, fingimiento y arte con que se finge y disfraza alguna cosa» *(DA)*. Muy frecuente en Calderón.

	¿Es ya de despertar hora?	2090
SEGISM.	Sí, hora es ya de despertar.	
CLOTALDO.	¿Todo el día te has de estar	

¿Es ya de despertar hora? 2090
SEGISM. Sí, hora es ya de despertar.
CLOTALDO. ¿Todo el día te has de estar
durmiendo? ¿Desde que yo
al águila que voló
con tarda vista seguí, 2095
y te quedaste tú aquí,
nunca has despertado?
SEGISM.   No,
ni aun agora he despertado,
que según, Clotaldo, entiendo,
todavía estoy durmiendo. 2100
Y no estoy muy engañado;
porque si ha sido soñado,
lo que vi palpable y cierto,
lo que veo será incierto;
y no es mucho que rendido, 2105
pues veo estando dormido,
que sueñe estando despierto.
CLOTALDO. Lo que soñaste me di.
SEGISM. Supuesto que sueño fue,
no diré lo que soñé, 2110
lo que vi, Clotaldo, sí.
Yo desperté y yo me vi
¡qué crueldad tan lisonjera!
en un lecho que pudiera,
con matices y colores, 2115
ser el catre de las flores
que tejió la Primavera.

2091. La noche es la vuelta al vientre de la madre, a la noche oscura de la cual nacerá un nuevo hombre (Cancelliere, «La torre...», pág. 64). Desde aquí hasta el fin del acto II la maestría poética, teatral y filosófica de Calderón raya en lo extraordinario. Hace anatomía de la identidad de nuestro yo como encrucijada de conciencia, subconciencia, deseo e impulsos, realidad y sueño. El análisis es tan profundo como los que se hayan hecho en el moderno existencialismo; la diferencia consiste en que Calderón inserta el yo titubeante y fragmentado en el seno de Dios, en la voz del Padre Celestial, origen de sentido y seguridad. Las lecturas «deconstructivas» «posmodernas» son juegos contra el testimonio del texto.

Allí mil nobles, rendidos
a mis pies, nombre me dieron
de su príncipe, y sirvieron   2120
galas, joyas y vestidos.
La calma de mis sentidos
tú trocaste en alegría,
diciendo la dicha mía;
que aunque estoy desta manera,   2125
príncipe en Polonia era.

CLOTALDO.   Buenas albricias tendría.

SEGISM.   No muy buenas: por traidor,
con pecho atrevido y fuerte
dos veces te daba muerte.   2130

CLOTALDO.   ¿Para mí tanto rigor?

SEGISM.   De todos era señor,
y de todos me vengaba;
sólo a una mujer amaba;
que fue verdad, creo yo,   2135
en que todo se acabó,
y esto sólo no se acaba.

(Vase el rey.)

CLOTALDO.   (Enternecido se ha ido
el rey de haberle escuchado.) *(Aparte.)*
Como habíamos hablado   2140
de aquella águila, dormido,
tu sueño imperios han sido,
mas en sueños fuera bien
entonces, honrar a quien
te crió en tantos empeños,   2145
Segismundo, que aún en sueños
no se pierde el hacer bien.

(Vase.)

2135. Sólo por el amor a Rosaura sabe Segismundo que la experiencia del palacio no era un sueño. El amor en palacio y en la cárcel es la conciencia de la propia identidad. Segismundo ama a Rosaura, pero no podrá casarse con

[ESCENA XIX]

SEGISM.   Es verdad; pues reprimamos
esta fiera condición,
esta furia, esta ambición,   2150
por si alguna vez soñamos.
Y sí haremos, pues estamos
en mundo tan singular,
que el vivir sólo es soñar;
y la experiencia me enseña,   2155
que el hombre que vive, sueña
lo que es, hasta despertar.

      Sueña el rey que es rey, y vive
con este engaño mandando,
disponiendo y gobernando;   2160
y este aplauso, que recibe
prestado, en el viento escribe
y en cenizas le convierte
la muerte (¡desdicha fuerte!);
¡que hay quien intente reinar   2165
viendo que ha de despertar
en el sueño de la muerte!

      Sueña el rico en su riqueza,
que más cuidados le ofrece;
sueña el pobre que padece   2170
su miseria y su pobreza;
sueña el que a medrar empieza,
sueña el que afana y pretende,
sueña el que agravia y ofende,
y en el mundo, en conclusión,   2175
todos sueñan lo que son,
aunque ninguno lo entiende.

---

ella, porque no es virgen (en el lenguaje popular todavía se usan —o se usaban hasta hace poco— las expresiones «perder la virginidad» y «perder la honra» como sinónimas), y porque no es de sangre real. Cfr. v. 3257.

Yo sueño que estoy aquí
destas prisiones cargado,
y soñé que en otro estado   2180
más lisonjero me vi.
¿Qué es la vida? Un frenesí.
¿Qué es la vida? Una ilusión,
una sombra, una ficción,
y el mayor bien es pequeño,   2185
que toda la vida es sueño,
y los sueños sueños son.

2187. Soñaba yo que tenía
　　　Alegre mi corazón,
　　　mas a la fe, madre mía,
　　　que los sueños sueños son (Villancico, siglo XV).

TERCERA JORNADA DE «LA VIDA ES SUEÑO»

[ESCENA I]

(Sale CLARÍN.*)*

CLARÍN.   En una encantada torre,
             por lo que sé, vivo preso.
             ¿Qué me harán por lo que ignoro,   2190
             si por lo que sé me han muerto?
             ¡Que un hombre con tanta hambre
             viniese a morir viviendo!
             Lástima tengo de mí;
             todos dirán: «Bien lo creo»;   2195
             y bien se puede creer,
             pues para mí este silencio
             no conforma con el nombre,
             Clarín, y callar no puedo.
             Quien me hace compañía   2200
             aquí (si a decirlo acierto),
             son arañas y ratones,
             ¡miren qué dulces jilgueros!
             De los sueños desta noche
             la triste cabeza tengo   2205
             llena de mil chirimías,
             de trompetas y embelecos,
             de procesiones de cruces,
             de disciplinantes; y estos,

2188. Se recuerda el motivo de caballería andante aludido ya en v. 27.

unos suben, otros bajan;   2210
otros se desmayan viendo
la sangre que llevan otros;
mas yo, la verdad diciendo,
de no comer me desmayo;
que en una prisión me veo,   2215
donde ya todos los días
en el filósofo leo
Nicomedes, y las noches
en el concilio Niceno.
Si llaman santo al callar,   2220
como en calendario nuevo,
San Secreto es para mí,
pues le ayuno y no le huelgo.
Aunque está bien merecido
el castigo que padezco,   2225
pues callé, siendo criado,
que es el mayor sacrilegio.

[ESCENA II]

(Ruido de cajas y gente, y dicen dentro.)

(Soldado) 1.º   Ésta es la torre en que está.
                 Echad la puerta en el suelo.
                 Entrad todos.
Clarín.   ¡Vive Dios   2230
                 que a mí me buscan! Es cierto,
                 pues que dicen que aquí estoy.
                 ¿Qué me querrán?

(Salen los soldados que pudieren.)

2226. El criado, como persona sin honor, es imprudente y no sabe callar. Por la influencia indirecta del cuerpo sobre el alma (antropología escolástica), el criado vive en un plano inferior a los señores. Sus sueños serán tristes pesadillas; sus valores, comer y hablar sin mesura; su inteligencia, astucia o agudeza, no verdadera inteligencia. Cfr. C. Morón, *Calderón. Pensamiento y teatro, op. cit.*, págs. 131-142.

(SOLDADO) 1.º	Entrad dentro.
(SOLDADO) 2.º	Aquí está.
CLARÍN.	No está.
TODOS.	Señor...
CLARÍN.	¿Si vienen borrachos éstos?

2235

(SOLDADO) 2.º Tú nuestro príncipe eres;
ni admitimos ni queremos
sino al señor natural,
y no príncipe extranjero.
A todos nos da los pies. 2240

TODOS. ¡Viva el gran príncipe nuestro!

CLARÍN. ¡Vive Dios que va de veras!
¿Si es costumbre en este reino
prender uno cada día
y hacerle príncipe, y luego 2245
volverle a la torre? Sí,
pues cada día lo veo:
fuerza es hacer mi papel.

TODOS. Danos tus plantas.

CLARÍN. No puedo
porque las he menester 2250
para mí, y fuera defeto
ser príncipe desplantado.

(SOLDADO) 2.º Todos a tu padre mesmo
le dijimos, que a ti sólo
por príncipe conocemos, 2255
no al de Moscovia.

CLARÍN. ¿A mi padre
le perdisteis el respeto?
Sois unos tales por cuales.

2238. Segismundo es el señor natural, heredero legítimo del trono. Este hecho es la premisa mayor del razonamiento de Basilio en vv. 770 y ss., del razonamiento de Segismundo en la Corte y ahora del razonamiento del pueblo. Sin embargo, el pueblo no debiera haber restaurado su derecho y el del príncipe con un levantamiento contra el rey. El fin no justifica los medios. Por eso incluso Clarín insulta a los soldados rebeldes (v. 2256) y Clotaldo será leal a su soberano (v. 2406). Segismundo en v. 2376 acepta la rebelión para librar al pueblo de «extranjera esclavitud». Cfr. Calderón, *Mujer, llora y vencerás,* ed. VB, vol. II, pág. 1416a.

(SOLDADO)1.º	Fue lealtad de nuestros pechos.
CLARÍN.	Si fue lealtad, yo os perdono.
(SOLDADO) 2.º	Sal a restaurar tu imperio.
	¡Viva Segismundo!
TODOS.	¡Viva!
CLARÍN.	Segismundo dicen, ¡bueno!
	Segismundo llaman todos
	los príncipes contrahechos.

2260

2265

(Sale SEGISMUNDO.*)*

[ESCENA III]

SEGISM.	¿Quién nombra aquí a Segismundo?
CLARÍN.	¿Más que soy príncipe huero?
(SOLDADO) 2.º	¿Quién es Segismundo?
SEGISM.	Yo.
(SOLDADO) 2.º	¿Pues cómo, atrevido y necio,
	tú te hacías Segismundo?
CLARÍN.	¿Yo Segismundo? Eso niego.
	Vosotros fuisteis los que
	me segismundasteis: luego
	vuestra ha sido solamente
	necedad y atrevimiento.
(SOLDADO) 1.º	Gran príncipe Segismundo
	(que las señas que traemos
	tuyas son, aunque por fe
	te aclamamos señor nuestro).
	Tu padre, el gran rey Basilio,
	temeroso que los cielos
	cumplan un hado, que dice
	que ha de verse a tus pies puesto

2270

2275

2280

2278. El pueblo no ha visto, como el auditorio, las escenas de palacio; se
ha rebelado por lo que sabe desde el discurso de Basilio en vv. 600 y ss. y como
se anunciaba en v. 850. Por eso se ha levantado por fe y esa fe se hace ciencia
o seguridad cuando ven al príncipe con los ojos. Se repite la fórmula escolástica fe-ciencia de v. 1588.

166

          vencido de ti, pretende
          quitarte acción y derecho   2285
          y dársela a Astolfo, duque
          de Moscovia. Para esto
          juntó su corte, y el vulgo,
          penetrando ya y sabiendo
          que tiene rey natural,   2290
          no quiere que un extranjero
          venga a mandarle. Y así,
          haciendo noble desprecio
          de la inclemencia del hado,
          te ha buscado donde preso   2295
          vives, para que, valido
          de sus armas y saliendo
          desta torre a restaurar
          tu imperial corona y cetro,
          se la quites a un tirano.   2300
          Sal, pues que en ese desierto
          ejército numeroso
          de bandidos y plebeyos
          te aclama, la libertad
          te espera, oye sus acentos.   2305
VOCES.   *(Dentro.)*
          ¡Viva Segismundo, viva!
SEGISM.   ¿Otra vez (¡qué es esto, cielos!),
          queréis que sueñe grandezas,
          que ha de deshacer el tiempo?

2300. Todo heredero que no sea el «natural» es tirano. El pueblo tiene
derecho a eliminarle, como Hamlet cuando sabe por medios naturales —no
sólo por la visión, que podría ser del demonio— que su tío es un usurpador.
El término «tirano» da base jurídica al asesinato del comendador en *Fuenteo-
vejuna* de Lope. Allí el pueblo puede matar al tirano porque no es rey. Basilio
también es tirano, pero Calderón es ambiguo frente a él; por una parte, introduce el levantamiento como contestación a su tiranía; por otra, condena el
levantamiento por boca de varios personajes y otros signos. El mismo soldado llama al pueblo rebelde «vulgo», con intención despectiva.
2307. Desde aquí hasta el encuentro con su padre en v. 3158 Segismundo
encarna la lucha entre la pasión (fiera) y la razón (hombre). Sus tres interlocutores principales son el vulgo, Clotaldo y Rosaura.

¿Otra vez queréis que vea   2310
entre sombras y bosquejos
la majestad y la pompa
desvanecida del viento?
¿Otra vez queréis que toque
el desengaño, o el riesgo   2315
a que el humano poder
nace humilde y vive atento?
Pues no ha de ser, no ha de ser.
Miradme otra vez sujeto
a mi fortuna; y pues sé   2320
que toda esta vida es sueño,
idos, sombras, que fingís
hoy a mis sentidos muertos
cuerpo y voz, siendo verdad
que ni tenéis voz ni cuerpo;   2325
que no quiero majestades
fingidas, pompas no quiero,
fantásticas ilusiones
que al soplo menos ligero
del aura han de deshacerse,   2330
bien como el florido almendro,
que por madrugar sus flores
sin aviso y sin consejo,
al primer soplo se apagan
marchitando y desluciendo   2335
de sus rosados capillos
belleza, luz y ornamento.
Ya os conozco, ya os conozco,
y sé que os pasa lo mesmo
con cualquiera que se duerme.   2340
Para mí no hay fingimientos,
que, desengañado ya,
sé bien que *la vida es sueño*.

2327. S puntúa con encabalgamiento: «pompas no quiero fantásticas».
Creo que fantásticas califica a ilusiones; por eso pongo coma en v. 2327.
«Pompas» implica ya en sí la connotación de vaciedad: «las pompas del dia-
blo» y no necesita el calificativo.

(SOLDADO) 2.º	Si piensas que te engañamos,	
	vuelve a esos montes soberbios	2345
	los ojos, para que veas	
	la gente que aguarda en ellos	
	para obedecerte.	
SEGISM.	Ya	
	otra vez vi aquesto mesmo	
	tan clara y distintamente	2350
	como agora lo estoy viendo,	
	y fue sueño.	
(SOLDADO) 2.º	Cosas grandes	
	siempre, gran señor, trujeron	
	anuncios; y esto sería,	
	si lo soñaste primero.	2355
SEGISM.	Dices bien, anuncio fue,	
	y caso que fuese cierto,	
	pues que la vida es tan corta,	
	soñemos, alma, soñemos	
	otra vez; pero ha de ser	2360
	con atención y consejo	
	de que hemos de despertar	
	deste gusto al mejor tiempo;	
	que llevándolo sabido,	
	será el desengaño menos;	2365
	que es hacer burla del daño	
	adelantarle el consejo.	
	Y con esta prevención	
	de que cuando fuese cierto,	
	es todo el poder prestado	2370
	y ha de volverse a su dueño,	
	atrevámonos a todo.	
	Vasallos, yo os agradezco	
	la lealtad; en mí lleváis	
	quien os libre osado y diestro	2375

2350. «Tan clara y distintamente» es la misma fórmula del ideal cartesiano: «ideas claras y distintas». Cfr. Calderón, *Mañana será otro día*, ed. VB, vol. II, pág. 786, y C. Morón, *Calderón. Pensamiento y teatro, op. cit.*, págs. 38-39.

2366-2367. Doctrina de Séneca como en v. 1559.

de extranjera esclavitud.
Tocad al arma, que presto
veréis mi inmenso valor.
Contra mi padre pretendo
tomar armas, y sacar   2380
verdaderos a los cielos.
Presto he de verle a mis plantas.
Mas si antes desto despierto,
¿no será bien no decirlo,
supuesto que no he de hacerlo?   2385

TODOS.   ¡Viva Segismundo, viva!

[ESCENA IV]

(Sale CLOTALDO.*)*

CLOTALDO.   ¿Qué alboroto es éste, cielos?
SEGISM.   Clotaldo.
CLOTALDO.   Señor. *(Aparte.)* En mí
                su crueldad prueba.
CLARÍN.   Yo apuesto
                que le despeña del monte. *(Vase.)*   2390
CLOTALDO.   A tus reales plantas llego,
                ya sé que a morir.
SEGISM.   Levanta,
                levanta, padre, del suelo;
                que tú has de ser norte y guía
                de quien fíe mis aciertos;   2395
                que ya sé que mi crianza
                 a tu mucha lealtad debo.
                Dame los brazos.
CLOTALDO.   ¿Qué dices?

2380. «Sacar verdaderos a los cielos.» Se cumplirá lo predestinado por los cielos, pero con y por la decisión libre de los hombres. De esa manera se armonizan predestinación y libertad. Sin embargo, esta doctrina es común a todos los escolásticos, no es ni bañeciana ni molinista. Véase *El condenado por desconfiado,* ed. de C. Morón, Madrid, Cátedra, 1974, Introducción.

SEGISM.	Que estoy soñando, y que quiero	
	obrar bien, pues no se pierde	2400
	obrar bien, aun entre sueños.	
CLOTALDO.	Pues, señor, si el obrar bien	
	es ya tu blasón, es cierto	
	que no te ofenda el que yo	
	hoy solicite lo mesmo.	2405
	¿A tu padre has de hacer guerra?	
	Yo aconsejarte no puedo	
	contra mi rey, ni valerte.	
	A tus plantas estoy puesto,	
	dame la muerte.	
SEGISM.	¡Villano,	2410
	traidor, ingrato! Mas, ¡cielos!,	
	reportarme me conviene,	
	que aun no sé si estoy despierto.	
	Clotaldo, vuestro valor	
	os envidio y agradezco.	2415
	Idos a servir al rey,	
	que en el campo nos veremos.	
	Vosotros tocad al arma.	
CLOTALDO.	Mil veces tus plantas beso.	
SEGISM.	A reinar, fortuna, vamos;	2420
	no me despiertes si duermo,	
	y si es verdad, no me duermas.	
	Mas sea verdad o sueño,	
	obrar bien es lo que importa;	
	si fuere verdad, por serlo;	2425
	si no, por ganar amigos	
	para cuando despertemos.	

(Vanse y tocan al arma.)

2401. Cfr. v. 2146. Clotaldo se ha convertido en padre de Segismundo porque le ha enseñado la gran verdad de la vida; pero la pasión irracional resurge por un momento cuando Clotaldo proclama su lealtad a Basilio (v. 2410). El axioma o signo básico que estructura el acto segundo es que la vida es sueño; el del acto tercero, «obrar bien es lo que importa» (v. 2424).

[ESCENA V]

(Salen el REY BASILIO *y* ASTOLFO.)

BASILIO.
¿Quién, Astolfo, podrá parar prudente
la furia de un caballo desbocado?
¿Quién detener de un río la corriente   2430
que correr al mar soberbio y despeñado?
¿Quién un peñasco suspender valiente
de la cima de un monte desgajado?
Pues todo fácil de parar ha sido
y un vulgo no, soberbio y atrevido.   2435
Dígalo en bandos el rumor partido,
pues se oye resonar en lo profundo
de los montes el eco repetido,
unos *¡Astolfo!* y otros *¡Segismundo!*
El dosel de la jura, reducido   2440
a segunda intención, a horror segundo
teatro funesto es donde importuna
representa tragedias la fortuna.

ASTOLFO.
Suspéndase, señor, el alegría,
cese el aplauso y gusto lisonjero,   2445
que tu mano feliz me prometía;
que si Polonia, a quien mandar espero,
hoy se resiste a la obediencia mía,
es porque la merezca yo primero.
Dadme un caballo y de arrogancia lleno,   2450
rayo decienda el que blasona trueno.

(Vase.)

2441. «Segunda intención», es decir, a un fin distinto de aquel para el que
estaba previsto el dosel de la jura.

2451. Astolfo blasona con palabras, como el trueno en las nubes, y quiere caer sobre la tierra como un rayo, con hechos. En estos rayos y truenos
resuenan los de Zeus, cuando Semele (Selene-Cilene) le negó la entrada
(cfr. v. 2747).

BASILIO.
Poco reparo tiene lo infalible,
y mucho riesgo lo previsto tiene.
Si ha de ser, la defensa es imposible,
que quien la excusa más, más la previene.   2455
¡Dura ley!, ¡fuerte caso!, ¡horror terrible!
Quien piensa que huye el riesgo, al riesgo
                                                    [viene;
con lo que yo guardaba me he perdido;
yo mismo, yo mi patria he destruido.

[ESCENA VI

(Sale ESTRELLA.)

ESTRELLA.
Si tu presencia, gran señor, no trata   2460
de enfrenar el tumulto sucedido,
que de uno en otro bando se dilata
por las calles y plazas dividido,
verás tu reino en ondas de escarlata
nadar entre la púrpura teñido   2465
de su sangre; que ya con triste modo,
todo es desdichas y tragedias todo.

Tanta es la ruina de tu imperio, tanta
la fuerza del rigor duro y sangriento,
que vista admira y escuchado espanta.   2470
El sol se turba y se embaraza el viento;
cada piedra un pirámide levanta
y cada flor construye un monumento;
cada edificio es un sepulcro altivo,
cada soldado un esqueleto vivo.   2475

2459. Basilio reconoce que él tiene la culpa de la violencia. Todo proviene del gran error cometido por él, no educar a Segismundo como hijo y como príncipe. Ese error, sin embargo, es libre e imputable, porque Basilio tenía obligación de saber y capacidad para saber que obraba mal. En v. 2487 reconoce que la ciencia erró, pero se muestra rey digno porque se apresta a luchar.

[ESCENA VII]

(Sale CLOTALDO.*)*

CLOTALDO.	¡Gracias a Dios que vivo a tus pies llego!
BASILIO.	Clotaldo, ¿pues qué hay de Segismundo?
CLOTALDO.	Que el vulgo, monstruo despeñado y ciego,

la torre penetró, y de lo profundo
della sacó su príncipe, que luego   2480
que vio segunda vez su honor segundo,
valiente se mostró, diciendo fiero
que ha de sacar al cielo verdadero.

BASILIO.   Dadme un caballo, porque yo en persona
vencer valiente a un hijo ingrato quiero; 2485
y en la defensa ya de mi corona,
lo que la ciencia erró venza el acero.

(Vase.)

ESTRELLA.   Pues yo al lado del sol seré Belona;
poner mi nombre junto al suyo espero,
que he de volar sobre tendidas alas   2490
a competir con la deidad de Palas.

(Vase, y tocan al arma.)

2488. Belona, diosa latina de la guerra. Poner mi nombre junto al suyo se puede referir a Basilio que es el sol, o junto a Belona en el sentido de fama. La competencia con Palas del siguiente verso da a entender que quiere poner su nombre junto al de Belona.

(Sale ROSAURA, y *detiene a* CLOTALDO.)

ROSAURA.   Aunque el valor que se encierra
en tu pecho, desde allí
da voces, óyeme a mí,
que yo sé que todo es guerra.   2495
        Ya sabes que yo llegué
pobre, humilde y desdichada
a Polonia, y amparada
de tu valor, en ti hallé
piedad; mandásteme (¡ay cielos!)   2500
que disfrazada viviese
en palacio, y pretendiese,
disimulando mis celos,
guardarme de Astolfo. En fin
él me vio, y tanto atropella   2505
mi honor, que viéndome, a Estrella
de noche habla en un jardín.
        Déste la llave he tomado,
y te podré dar lugar
de que en él puedas entrar   2510
a dar fin a mi cuidado.
        Así, altivo, osado y fuerte,
volver por mi honor podrás,
pues que ya resuelto estás
a vengarme con su muerte.   2515

CLOTALDO.   Verdad es que me incliné,
desde el punto que te vi,
a hacer, Rosaura, por ti,
testigo tu llanto fue,
cuanto mi vida pudiese.   2520

2516. Este diálogo funda su valor dramático en la ética escolástica. Se busca siempre la sutileza del punto medio: castigo sin venganza, honor sin revelar el deshonor, vengarse de Astolfo sin ofender a Astolfo, etc.

Lo primero que intenté,
quitarte aquel traje fue;
porque, si Astolfo te viese,
    te viese en tu propio traje,
sin juzgar a liviandad   2525
la loca temeridad
que hace del honor ultraje.

    En este tiempo trazaba
cómo cobrar se pudiese
tu honor perdido, aunque fuese   2530
(tanto tu honor me arrestaba),
    dando muerte a Astolfo. ¡Mira
qué caduco desvarío!
Si bien, no siendo rey mío,
ni me asombra ni me admira.   2535

    Darle pensé muerte, cuando
Segismundo pretendió
dármela a mí, y él llegó,
su peligro atropellando,
    a hacer en defensa mía   2540
muestras de su voluntad,
que fueron temeridad,
pasando de valentía.

    ¿Pues cómo yo agora, advierte,
teniendo alma agradecida,   2545
a quien me ha dada la vida
le tengo de dar la muerte?

    Y así, entre los dos partido
el afecto y el cuidado,
viendo que a ti te la he dado,   2550
y que dél la he recibido,

_____

2539. «Su peligro.» El *su* se refiere a Astolfo, que no para mientes en el
peligro a que se expone.

2542-2543. Temeridad/valentía. La virtud consiste en el medio entre los
extremos; el exceso en la virtud de la magnanimidad es ser temerario; el defecto, la pusilanimidad. Pero el exceso es preferible al defecto (Aristóteles,
Ética a Nicómaco, libro IV). En vv. 2648-2649 se menciona expresamente el
medio (de la virtud) frente a la ciega pasión.

                    no sé a qué parte acudir,
                    no sé qué parte ayudar:
                    si a ti me obligué con dar,
                    dél lo estoy con recibir;   2555
                        y así, en la acción que se ofrece,
                    nada a mi amor satisface,
                    porque soy persona que hace,
                    y persona que padece.

ROSAURA.   No tengo que prevenir   2560
                    que en un varón singular,
                    cuanto es noble acción el dar,
                    es bajeza el recibir.
                        Y este principio asentado,
                    no has de estarle agradecido,   2565
                    supuesto que si él ha sido
                    el que la vida te ha dado,
                        y tú a mí, evidente cosa
                    es, que él forzó tu nobleza
                    a que hiciese una bajeza,   2570
                    y yo una acción generosa.
                        Luego estás dél ofendido,
                    luego estás de mí obligado,
                    supuesto que a mí me has dado
                    lo que dél has recibido;   2575
                        y así debes acudir
                    a mi honor en riesgo tanto,
                    pues yo le prefiero, cuanto
                    va de dar a recibir.

CLOTALDO.   Aunque la nobleza vive   2580
                    de la parte del que da,
                    el agradecerla está
                    de parte del que recibe.
                        Y pues ya dar he sabido

_____

   2558-2559. Persona que hace y persona que padece. Calderón sigue dentro de los lugares comunes aristotélicos. Acción y pasión son dos de las diez
categorías o conceptos primarios de la mente humana según Aristóteles. «Celos que doy y me dan? / ¿Persona que haga y padezca?» (¿*Cuál es mayor perfección?*, I, esc. 15, BAE, 7, 75b).

y tengo con nombre honroso 2585
el nombre de generoso,
déjame el de agradecido,
    pues le puedo conseguir,
siendo agradecido, cuanto
liberal, pues honra tanto 2590
el dar como el recibir.

ROSAURA.   De ti recibí la vida,
y tú mismo me dijiste
cuando la vida me diste,
que la que estaba ofendida 2595
    no era vida: luego yo
nada de ti he recibido,
pues vida no vida ha sido
la que tu mano me dio.
    Y si debes ser primero 2600
liberal que agradecido,
como de ti mismo he oído,
    que me des la vida espero
que no me la has dado; y pues
el dar engrandece más, 2605
sé antes liberal, serás
agradecido después.

CLOTALDO.   Vencido de tu argumento,
antes liberal seré.
Yo, Rosaura, te daré 2610
mi hacienda, y en un convento
    vive; que está bien pensado
el medio que solicito;
pues huyendo de un delito,
te recoges a un sagrado; 2615
    que cuando tan dividido
el reino desdichas siente,
no he de ser quien las aumente
habiendo noble nacido.
    Con el remedio elegido 2620

_____

2585. Sigo a P y S. Probablemente Calderón escribiera: «Y pues yo dar he sabido / y tengo con nombre honroso...» El sentido sería más claro.

	soy con el reino leal,	
	soy contigo liberal,	
	con Astolfo agradecido.	
	Y así escoge el que te cuadre,	
	quedándose entre los dos;	2625
	que no hiciera, ¡vive Dios!	
	más, cuando fuera tu padre.	
ROSAURA.	Cuando tú mi padre fueras,	
	sufriera esa injuria yo;	
	pero no siéndolo, no.	2630
CLOTALDO.	¿Pues qué es lo que hacer esperas?	
ROSAURA.	Matar al duque.	
CLOTALDO.	¿Una dama,	
	que padre no ha conocido,	
	tanto valor ha tenido?	
ROSAURA.	Sí.	
CLOTALDO.	¿Quién te alienta?	
ROSAURA.	Mi fama.	2635
CLOTALDO.	Mira que a Astolfo has de ver...	
ROSAURA.	Todo mi honor lo atropella.	
CLOTALDO.	Tu rey, y esposo de Estrella.	
ROSAURA.	¡Vive Dios que no ha de ser!	
CLOTALDO.	Es locura.	
ROSAURA.	Ya lo veo.	2640
CLOTALDO.	Pues véncela.	
ROSAURA.	No podré.	
CLOTALDO.	Pues perderás...	
ROSAURA.	Ya lo sé.	
CLOTALDO.	...vida y honor.	
ROSAURA.	Bien lo creo.	
CLOTALDO.	¿Qué intentas?	
ROSAURA.	Mi muerte.	

2624-2627. P, S, V, «Y asi escogerle te cuadre», es una construcción muy forzada. Según Sloman escogerle se refiere al remedio. Yo creo que Clotaldo se refiere al convento: escoge el convento que te cuadre, quedándose entre los dos, es decir, no diremos a nadie adónde te vas. Valbuena no pone coma detrás de «los dos»; al no poner la coma indica que lo que se queda entre los dos es que no hiciera Clotaldo más por ella aunque fuera su padre. Sigo la lectura de VT.

CLOTALDO.   Mira
                    que eso es despecho.
ROSAURA.   Es honor.   2645
CLOTALDO.   Es desatino.
ROSAURA.   Es valor.
CLOTALDO.   Es frenesí.
ROSAURA.   Es rabia, es ira.
CLOTALDO.   En fin, ¿que no se da medio
                    a tu ciega pasión?
ROSAURA.   No.
CLOTALDO.   ¿Quién ha de ayudarte?
ROSAURA.   Yo.   2650
CLOTALDO.   ¿No hay remedio?
ROSAURA.   No hay remedio.
CLOTALDO.   Piensa bien si hay otros modos.
ROSAURA.   Perderme de otra manera.
CLOTALDO.   Pues si has de perderte, espera,
                    hija, y perdámonos todos.   2655

(Vase.)

[ESCENA IX]

(Tocan y salen marchando soldados, CLARÍN *y* SEGISMUNDO
vestido de pieles.)

SEGISM.   Si este día me viera
                    Roma en los triunfos de su edad primera,
                        ¡oh, cuánto se alegrara
                    viendo lograr una ocasión tan rara
                        de tener una fiera   2660
                    que sus grandes ejércitos rigiera,
                        a cuyo altivo aliento
                    fuera poca conquista el firmamento!
                        Pero el vuelo abatamos,
                    espíritu, no así desvanezcamos   2665
                        aqueste aplauso incierto,
                    si ha de pesarme cuando esté despierto

180

```
              de haberlo conseguido
              para haberlo perdido;
              pues mientras menos fuere,                    2670
              menos se sentirá si se perdiere.

                    (Dentro un clarín.)

CLARÍN.       En un veloz caballo
              (perdóname, que fuerza es el pintallo
                en viniéndome a cuento),
              en quien un mapa se dibuja atento,           2675
                pues el cuerpo es la tierra,
              el fuego el alma que en el pecho encierra,
                la espuma el mar, el aire su suspiro,
              en cuya confusión un caos admiro,
                pues en el alma, espuma, cuerpo,
                                        [aliento,          2680
              monstruo es de fuego, tierra, mar y viento,
                de color remendado,
              rucio, y a su propósito rodado
                del que bate la espuela,
              y en vez de correr vuela;                    2685
                a tu presencia llega
              airosa una mujer.

SEGISM.                        Su luz me ciega.
CLARÍN.       ¡Vive Dios, que es Rosaura! (Vase.)
SEGISM.       El cielo a mi presencia la restaura.
```

2672-2687. Calderón repite la descripción del caballo como un monstruo
cósmico, al hacerle encarnación de los cuatro elementos. Con idéntica descripción comienza la obra. Ángel L. Cilveti distingue entre la función dramática del hipogrifo al principio y este caballo descrito con rasgos semejantes
por Calderón: «El hipogrifo es el símbolo unitario de la sexualidad masculina
y femenina y de su connotación moral correspondiente» (El significado de «La
vida es sueño», pág. 165). Yo creo que en los dos casos el caballo representa el
caos de la dama noble sin honor, vida-muerte, elevado a proporciones gigan-
tescas. En esta escena Rosaura sigue tan contradictoria como a su llegada; la
pasión se ha profundizado porque ha visto que Astolfo no quiere cumplir su
palabra, por tanto este caballo tiene aún más intensidad que el hipogrifo del
principio. C. Morón Arroyo, «La ironía de la escritura en Calderón» y Calderón. Pensamiento y teatro, págs. 42-47.

2683. «Rodado.» «Color del caballo blanco con algunas manchas negras
como listas redondas o en rueda» (DA).

[ESCENA X]

(Sale Rosaura *con baquero, espada y daga.)*

Rosaura.   Generoso Segismundo,   2690
cuya majestad heroica
sale al día de sus hechos
de la noche de sus sombras;
y como el mayor planeta,
que en los brazos de la aurora   2695
se restituye luciente
a las flores y a las rosas,
y sobre mares y montes
cuando coronado asoma,
luz esparce, rayos brilla,   2700
cumbres baña, espumas borda;
así amanezcas al mundo,
luciente sol de Polonia,
que a una mujer infelice,
que hoy a tus plantas se arroja,   2705
ampares por ser mujer
y desdichada: dos cosas,
que para obligar a un hombre,
que de valiente blasona,
cualquiera de las dos basta,   2710
de las dos cualquiera sobra.
Tres veces son las que ya
me admiras, tres las que ignoras
quién soy, pues las tres me has visto
en diverso traje y forma.   2715
La primera me creíste
varón en la rigurosa
prisión, donde fue tu vida
de mis desdichas lisonja.
La segunda me admiraste   2720
mujer, cuando fue la pompa
de tu majestad un sueño,

una fantasma, una sombra.
La tercera es hoy, que siendo
monstruo de una especie y otra,   2725
entre galas de mujer
armas de varón me adornan.
Y porque compadecido
mejor mi amparo dispongas,
es bien que de mis sucesos   2730
trágicas fortunas oigas.
De noble madre nací
en la corte de Moscovia,
que, según fue desdichada,
debió de ser muy hermosa.   2735
En ésta puso los ojos
un traidor, que no le nombra
mi voz por no conocerle,
de cuyo valor me informa
el mío; pues siendo objeto   2740
de su idea, siento agora
no haber nacido gentil,
para persuadirme loca
a que fue algún dios de aquellos
que en metamorfosis lloran   2745
lluvia de oro, cisne y toro
Dánae, Çilene, Europa.

2725. «Monstruo» es un signo básico de todo el teatro calderoniano. Monstruo es un ser imposible porque supondría la fusión de dos esencias, especies o
naturalezas: el hipogrifo, el centauro, etc. Por eso dice aquí con toda precisión:
«monstruo de una especie y otra». Rosaura es hombre-mujer, Segismundo,
hombre-fiera. Los dos coinciden en ser «violentos», contradictorios. Sinónimos
de monstruo son en Calderón portento, prodigio y violencia. Signos relaciona-
dos son confuso abismo y laberinto. Véase vv. 2802-2803.
    2740. Rosaura es objeto de la idea de su padre. El progenitor es causa
ejemplar de la hija. Por eso, conociéndose ella, adivina el valor de su padre.
La relación padre-hija condensa la relación de las criaturas con Dios creador,
causa eficiente y ejemplar de todas ellas.
    2747. Los críticos no han explicado el nombre Cilene, que aparece en P
y Z. VT sustituye Cilene por Leda. Sloman, en nota a este verso, dice: «If
authentic it must he another name for Leda.» Leda es el nombre que adoptó
en su forma de ninfa la diosa Némesis, Luna o Selene. De la unión de Zeus

Cuando pensé que alargaba,
citando aleves historias,
el discurso, hallo que en él   2750
te he dicho en razones pocas
que mi madre, persuadida
a finezas amorosas,
fue, como ninguna, bella,
y fue infeliz como todas.   2755
Aquella necia disculpa
de fe y palabra de esposa
la alcanzó tanto, que aún hoy
el pensamiento la cobra,
habiendo sido un tirano   2760
tan Eneas de su Troya,
que la dejó hasta la espada.
Enváinese aquí su hoja,
que yo la desnudaré
antes que acabe la historia.   2765
Deste, pues, mal dado nudo

(cisne) y Leda o Selene, cayó un huevo de la Luna. De ese huevo nació Helena de Troya, sin padre conocido y ocasión de guerra, como Rosaura. Robert von Ranke Graves, *Griechische Mythologie. Quellen und Deutung*, Hamburg, Rowohlt Vlg., 1960, I, págs. 184-186. Zeus engendró en Maya a Hermes, que nació en el monte Cilene y fue guardado por la ninfa Cilene *(ibíd.*, pág. 52).

2756. La promesa del matrimonio hizo que la madre se rindiera a los deseos del galán y todavía «la cobra el pensamiento», es decir, la madre se considera casada y piensa en Clotaldo, que ha sido un tirano con ella, como fue Eneas con Dido de Cartago.

2766. El mal dado nudo era la promesa de matrimonio que se daban los amantes en secreto. El Concilio de Trento declaró ilícitos esos matrimonios; pero declararlos ilícitos no quiere decir que fueran inválidos. El tema necesita estudio porque tiene muchos matices históricos y teológicos. Por ejemplo, algunos teólogos, aunque consideran que es ilícito, creen que es sacramento válido y, por tanto, los hijos nacidos son legítimos. Tirso en *El Burlador* deja claro que Isabela se ha casado con Don Juan en la primera escena. Por eso, al final se casa con el duque Octavio como viuda. Una mujer soltera sin virginidad no podía contraer matrimonio, sino irse a un convento porque el esposo divino no miraba calidades. Por eso se dice abiertamente en *El Burlador* que Don Juan no ha gozado a doña Ana de Ulloa. Todo esto que vale para la nobleza, no vale a su vez para los villanos. Ellos no sólo pueden casarse con mujeres no vírgenes, sino que son la salida para las criadas desfloradas de arciprestes y señores. Cfr. Alexandre A. Parker,

184

que ni ata ni aprisiona,
o matrimonio o delito,
si bien todo es una cosa,
nací yo tan parecida,   2770
que fui un retrato, una copia,
ya que en la hermosura no,
en la dicha y en las obras;
y así, no habré menester
decir que poco dichosa   2775
heredera de fortunas,
corrí con ella una propia.
Lo más que podré decirte
de mí, es el dueño que roba
los trofeos de mi honor,   2780
los despojos de mi honra.
Astolfo... ¡Ay de mí! al nombrarle
se encoleriza y se enoja
el corazón, propio efeto
de que enemigo se nombra.   2785
Astolfo fue el dueño ingrato
que olvidado de las glorias
(porque en un pasado amor
se olvida hasta la memoria),
vino a Polonia, llamado   2790
de su conquista famosa,
a casarse con Estrella,
que fue de mi ocaso antorcha.
¿Quién creerá, que habiendo sido
una estrella quien conforma   2795
dos amantes, sea una Estrella
la que los divida agora?
Yo ofendida, yo burlada,
quedé triste, quedé loca,
quedé muerta, quedé yo,   2800
que es decir que quedó toda
la confusión del infierno

«Los amores y noviazgos clandestinos en el mundo dramático-social de
Calderón» (cfr. Bibliografía).

cifrada en mi Babilonia.
Y declarándome muda,
porque hay penas y congojas 2805
que las dicen los afectos
mucho mejor que la boca,
dije mis penas callando,
hasta que una vez a solas,
Violante mi madre (¡ay, cielos!) 2810
rompió la prisión y en tropa,
del pecho salieron juntas,
tropezando unas con otras.
No me embaracé en decirlas;
que en sabiendo una persona 2815
que, a quien sus flaquezas cuenta
ha sido cómplice en otras,
parece que ya le hace
la salva y le desahoga;
que a veces el mal ejemplo 2820
sirve de algo. En fin, piadosa
oyó mis quejas, y quiso
consolarme con las propias.
juez que ha sido delincuente
¡qué fácilmente perdona! 2825
Y escarmentando en sí misma,
y por negar a la ociosa
libertad, al tiempo fácil,
el remedio de su honra,
no le tuvo en mis desdichas; 2830
por mejor consejo toma

2818-2819. Salva: «La prueba que se hace de la comida o bebida cuando
se administra a los reyes, para asegurar que no hay peligro alguno en ellas»
(DA).

2830. El texto de estos versos, desde el 2826, es muy difícil de entender.
«Escarmentando en sí misma» sería «viendo su caso y no queriendo que se
repita en mí»; por no dejar a la ociosa libertad (la de Clotaldo en su caso, la
de Astolfo en el mío), al tiempo fácil (al tiempo que hace olvidar todas las
promesas), «el remedio de su honra», es decir, el remedio de la deshonra que
le había caído también a ella cuando me cayó a mí, «no le tuvo en mis desdicha», o sea, no quiso ella hacer nada o que hiciéramos nada las dos solas.

que le siga, y que le obligue
con finezas prodigiosas
a la deuda de mi honor;
y para que a menos costa   2835
fuese, quiso mi fortuna
que en traje de hombre me ponga.
Descolgó una antigua espada
que es esta que ciño, agora
es tiempo que se desnude,   2840
como prometí, la hoja.
pues confiada en sus señas,
me dijo: «Parte a Polonia,
y procura que te vean
ese acero que te adorna   2845
los más nobles; que en alguno
podrá ser que hallen piadosa
acogida tus fortunas,
y consuelo tus congojas.»
Llegué a Polonia, en efeto: 2850
pasemos, pues que no importa
el decirlo, y ya se sabe,
que un bruto que se desboca
me llevó a tu cueva, adonde
tú de mirarme te asombras.   2855
Pasemos que allí Clotaldo
de mi parte se apasiona,
que pide mi vida al rey,
que el rey mi vida le otorga;
que informado de quién soy,   2860
me persuade a que me ponga
mi propio traje, y que sirva
a Estrella, donde ingeniosa
estorbé el amor de Astolfo

2843. Rosaura repite ante Segismundo lo que ya antes había dicho a
Clotaldo en vv. 386 y ss.
2850. Recapitulación de lo que ya sabe el auditorio. Otro medio para dar
unidad a las múltiples acciones.

y el ser Estrella su esposa.   2865
Pasemos que aquí me viste
otra vez confuso, y otra
con el traje de mujer
confundiste entrambas formas,
y vamos a que Clotaldo,   2870
persuadido a que le importa
que se casen y que reinen
Astolfo y Estrella hermosa,
contra mi honor me aconseja
que la pretensión deponga.   2875
Yo, viendo que tú ¡oh, valiente
Segismundo! a quien hoy toca
la venganza, pues el cielo
quiere que la cárcel rompas
desa rústica prisión,   2880
donde ha sido tu persona
al sentimiento una fiera,
al sufrimiento una roca,
las armas contra tu patria
y contra tu padre tomas,   2885
vengo a ayudarte, mezclando
entre las galas costosas
de Diana, los arneses
de Palas, vistiendo agora
ya la tela y ya el acero,   2890
que entrambos juntos me adornan.
Ea, pues, fuerte caudillo,
a los dos juntos importa
impedir y deshacer
estas concertadas bodas: 2895
a mí, porque no se case

2885. Rosaura viene en ayuda de Segismundo contra su padre el rey. Ella luchará contra su padre, Clotaldo (v. 2870). En v. 2901 los dos personajes objetos de la violencia paterna funden sus destinos. Las dos acciones se hacen una con su lado masculino (la guerra y el derecho) y el femenino (honor sexual). Para la conexión de amor y guerra en Calderón, cfr. *El sitio de Bredá*.

el que mi esposo se nombra,
y a ti, porque, estando juntos
sus dos estados, no pongan
con más poder y más fuerza   2900
en duda nuestra victoria.
Mujer vengo a persuadirte
al remedio de mi honra,
y varón vengo a alentarte
a que cobres tu corona.   2905
Mujer vengo a enternecerte
cuando a tus plantas me ponga,
y varón vengo a servirte
cuando a tus gentes socorra.
Mujer vengo a que me valgas   2910
en mi agravio y mi congoja,
y varón vengo a valerte
con mi acero y mi persona.
Y así piensa que si hoy
como a mujer me enamoras,   2915
como varón te daré
la muerte en defensa honrosa
de mi honor, porque he de ser
en tu conquista amorosa,
mujer para darte quejas,   2920
varón para ganar honras.

SEGISM. Cielos, si es verdad que sueño,
suspendedme la memoria,
que no es posible que quepan
en un sueño tantas cosas.   2925
¡Válgame Dios, quién supiera,
o saber salir de todas,
o no pensar en ninguna!

2919. S dice que *su* se refiere a la conquista amorosa del honor. Cita a
Krenkel, quien no encontró sentido al vocablo «amorosa» y lo sustituyó por
«animosa». Yo creo que Rosaura previene a Segismundo de que se defenderá
como varón si él la quiere conquistar como mujer (conquista amorosa). Esto
da sentido al v. 2915. Todo se aclara si leemos «en la conquista amorosa».
Rosaura se defendería en ella con quejas como mujer y luchando como varón, como hizo en vv. 1650 y ss.

¿Quién vio penas tan dudosas?
Si soñé aquella grandeza   2930
en que me vi, ¿cómo agora
esta mujer me refiere
unas señas tan notorias?
Luego fue verdad, no sueño;
y si fue verdad, que es otra   2935
confusión y no menor,
¿cómo mi vida le nombra
sueño? ¿Pues tan parecidas
a los sueños son las glorias,
que las verdaderas son   2940
tenidas por mentirosas,
y las fingidas por ciertas?
¿Tan poco hay de unas a otras,
que hay cuestión sobre saber
si lo que se ve y se goza,   2945
es mentira o es verdad?
¿Tan semejante es la copia
al original, que hay duda
en saber si es ella propia?
Pues si es así, y ha de verse   2950
desvanecida entre sombras
la grandeza y el poder,
la majestad y la pompa,
sepamos aprovechar
este rato que nos toca,   2955
pues sólo se goza en ella
lo que entre sueños se goza.
Rosaura está en mi poder,
su hermosura el alma adora,
gocemos, pues, la ocasión,   2960
el amor las leyes rompa
del valor y confianza
con que a mis plantas se postra.
Esto es sueño, y pues lo es,
soñemos dichas agora,   2965
que después serán pesares.
Mas ¡con mis razones propias

vuelvo a convencerme a mí!
Si es sueño, si es vanagloria,
¿quién, por vanagloria humana,   2970
pierde una divina gloria?
¿Qué pasado bien no es sueño?
¿Quién tuvo dichas heroicas
que entre sí no diga, cuando
las revuelve en su memoria: 2975
sin duda que fue soñado
cuanto vi? Pues si esto toca
mi desengaño, si sé
que es el gusto llama hermosa
que la convierte en cenizas   2980
cualquiera viento que sopla,
acudamos a lo eterno,
que es la fama vividora
donde ni duermen las dichas
ni las grandezas reposan.   2985
Rosaura está sin honor;
más a un príncipe le toca
el dar honor que quitarle.
¡Vive Dios, que de su honra
he de ser conquistador,   2990
antes que de mi corona!
Huyamos de la ocasión,
que es muy fuerte.—Al arma toca,
que hoy he de dar la batalla,
antes que las negras sombras   2995
sepulten los rayos de oro
entre verdinegras ondas.

2982. Lo eterno es la única fama que perdura. No dice Segismundo que la
fama sea lo eterno, sino que solamente la eternidad merece la pena: «si bien
otros les baldonan / diciéndoles que el vivir / eterno es vivir con honra» *(El
príncipe constante*, I, esc. 5). «Verdad es que, como escribe Plinio el Mozo,
"multi famam, conscientiam pauci verentur": muchos temen la fama y pocos
la conciencia; por lo cual se ve cuán pestilencial es esta doctrina de Maquiavelo» (P. de Rivadeneira, *Tratado del príncipe cristiano*, libro 2, cap. 2, BAE, 60,
521b). La búsqueda de la eternidad frente a la fama y gloria de la tierra pone
La vida es sueño en la línea de los tratados antimaquiavélicos tan abundantes
en la España de entonces.

ROSAURA.	¡Señor! ¿Pues así te ausentas?	
	¿Pues ni una palabra sola	
	no te debe mi cuidado,	3000
	no merece mi congoja?	
	¿Cómo es posible, señor,	
	que ni me mires ni oigas?	
	¿Aún no me vuelves el rostro?	
SEGISM.	Rosaura, al honor le importa,	3005
	por ser piadoso contigo,	
	ser cruel contigo agora.	
	No te responde mi voz,	
	porque mi honor te responda;	
	no te hablo, porque quiero	3010
	que te hablen por mí mis obras;	
	no te miro, porque es fuerza,	
	en pena tan rigurosa,	
	que no mire tu hermosura	
	quien ha de mirar tu honra.	3015

(Vanse)

ROSAURA.	¿Qué enigmas, cielos, son éstas?
	Después de tanto pesar,
	¿aún me queda que dudar
	con equívocas respuestas?

[ESCENA XI]

(Sale CLARÍN.)

| CLARÍN. | ¿Señora, es hora de verte? | 3020 |
| ROSAURA. | ¡Ay, Clarín!, ¿dónde has estado? | |

3012. «Alí: No he de vella / por no ocasionarte enojos; / que temo me hagan torcer / de intentos y parecer / tiranías de sus ojos» (Tirso, *Los lagos de San Vicente*, II-9, II, 36b).

CLARÍN.	En una torre encerrado
	brujuleando mi muerte,
	si me da, o... no me da;
	y a figura que me diera,	3025
	pasante quínola fuera
	mi vida: que estuve ya
	para dar un estallido.
ROSAURA.	¿Por qué?
CLARÍN.	Porque sé el secreto
	de quién eres, y en efeto *(Dentro cajas.)*	3030
	Clotaldo... ¿Pero qué ruido
	es éste?
ROSAURA.	¿Qué puede ser?
CLARÍN.	Que del palacio sitiado
	sale un escuadrón armado
	a resistir y vencer	3035
	el del fiero Segismundo.
ROSAURA.	¿Pues cómo cobarde estoy,
	y ya a su lado no soy
	un escándalo del mundo,
	cuando ya tanta crueldad	3040
	cierra sin orden ni ley?

(Vanse.)

3023. Brujulear: «En el juego de naipes, descubrir poco a poco las cartas para conocer por las rayas o pintas de qué palo son» (Diccionario de la Real Academia Española). Clarín estuvo esperando la muerte de un momento para otro («si me da o no me da»). Clarín ha estado preso por el secreto que sabe; el peligro de muerte en que ha estado («a punto de dar un estallido») no se ha visto en la obra antes. Quizá quiera decir que Clotaldo le ha amenazado si descubría el secreto. Por otra parte, tampoco hay en la obra indicación de cómo Clarín sepa que Rosaura es hija de Clotaldo, si ella no lo sabe hasta el v. 3271. El «sé quién eres» podría significar sólo que Clarín conoce lo pasado entre Rosaura y Astolfo, pero en *La vida es sueño* la frase «sé quién soy» significa, normalmente, «sé de quién soy hijo».

[ESCENA XII]

UNOS.   *(Dentro.)*
             ¡Viva nuestro invicto rey!
OTROS.   *(Dentro.)*
             ¡Viva nuestra libertad!
CLARÍN.   ¡La libertad y el rey vivan!
             Vivan muy enhorabuena,   3045
             que a mí nada me da pena
             como en cuenta me reciban;
               que yo, apartado este día
             en tan grande confusión,
             haga el papel de Nerón,   3050
             que de nada se dolía.
               Si bien me quiero doler
             de algo, y ha de ser de mí:
             escondido, desde aquí
             toda la fiesta he de ver.   3055
               El sitio es oculto y fuerte,
             entre estas peñas; pues ya
             la muerte no me hallará,
             dos higas para la muerte.

(Escóndese.)

[ESCENA XIII]

(Suena ruido de armas. Salen el REY, CLOTALDO *y* ASTOLFO,
huyendo.)

BASILIO.   ¿Hay más infelice rey?   3060
             ¿Hay padre más perseguido?

3043. Libertad tiene sentido peyorativo. El ejército de Segismundo es el
vulgo «de bandidos y plebeyos». No se podía esperar el levantamiento por
parte de un noble con honor.

CLOTALDO.	Ya tu ejército vencido
	baja sin tino ni ley.
ASTOLFO.	Los traidores vencedores
	quedan.
BASILIO.	En batallas tales 3065
	los que vencen son leales,
	los vencidos los traidores.
	Huyamos, Clotaldo, pues,
	del cruel, del inhumano
	rigor de un hijo tirano. 3070

(Disparan dentro y cae CLARÍN, *herido, de donde está.)*

CLARÍN.	¡Válgame el cielo!
ASTOLFO.	¿Quién es
	este infelice soldado,
	que a nuestros pies ha caído
	en sangre todo teñido?
CLARÍN.	Soy un hombre desdichado, 3075
	que por quererme guardar
	de la muerte, la busqué.
	Huyendo della, topé
	con ella, pues no hay lugar
	para la muerte secreto; 3080
	de donde claro se arguye
	que quien más su efeto huye,
	es quien se llega a su efeto.
	Por eso, tornad, tornad
	a la lid sangrienta luego, 3085
	que entre las armas y el fuego
	hay mayor seguridad
	que en el monte más guardado,
	pues no hay seguro camino
	a la fuerza del destino 3090
	y a la inclemencia del hado;
	y así, aunque a libraros vais

3076. En Clarín se cumple la palabra de Jesús: «Quien quisiere salvar su vida la perderá» (Lucas, 9, 24).

195

	de la muerte con huir,
	mirad que vais a morir
	si está de Dios que muráis.

3095

(Cae dentro.)

BASILIO.   ¡Mirad que vais a morir
si está de Dios que muráis!
¡Qué bien, ¡ay cielos!, persuade
nuestro error, nuestra ignorancia,
a mayor conocimiento   3100
este cadáver que habla
por la boca de una herida,
siendo el humor que desata
sangrienta lengua que enseña
que son diligencias vanas   3105
del hombre, cuantas dispone
contra mayor fuerza y causa!
Pues yo, por librar de muertes
y sediciones mi patria,
vine a entregarla a los mismos   3110
de quien pretendí librarla.

CLOTALDO.   Aunque el hado, señor, sabe
todos los caminos, y halla
a quien busca entre lo espeso
de dos peñas, no es cristiana   3115
determinación decir
que no hay reparo a su saña.
Si hay, que el prudente varón
vitoria del hado alcanza;
y si no estás reservado   3120
de la pena y la desgracia,
haz por donde te reserves.

ASTOLFO.   Clotaldo, señor, te habla
como prudente varón

3095. «Estar de Dios» es una frase popular con la que se expresa la confor-
midad con lo inesperado. De por sí no es fatalista, ya que supone la providencia divina. La doctrina católica la expresa Clotaldo en vv. 3112 y ss.

que madura edad alcanza;   3125
yo como joven valiente:
entre las espesas ramas
dese monte está un caballo,
veloz aborto del aura;
huye en él, que yo, entretanto,   3130
te guardaré las espaldas.

BASILIO.   Si está de Dios que yo muera,
o si la muerte me aguarda
aquí, hoy la quiero buscar,
esperando cara a cara.   3135

[ESCENA XIV]

(Tocan al arma y sale SEGISMUNDO *y toda la compañía.)*

SOLDADO.   En lo intrincado del monte,
entre sus espesas ramas,
el rey se esconde.

SEGISM.   ¡Seguidle!
No quede en sus cumbres planta
que no examine el cuidado,   3140
tronco a tronco y rama a rama.

CLOTALDO.   ¡Huye, señor!

BASILIO.   ¿Para qué?

3129. «Veloz aborto del aura», como el «parejas con el viento» del principio, es una imagen muy repetida por Calderón. «Hay en España gran número
de caballos tan ligeros y poderosos que algunos poetas han fingido engen-
drarse del viento» *(Memorial del contador Luis Ortiz,* ed. L. Lavilla y M.ª Vigón,
Madrid, Instituto de España, 1970, pág. 21). Para el auto *La paz universal*
(1660), Calderón escribió con respecto a la decoración: «Ha de ser el primer
carro una carroza muy bien imitada, con quatro caballos que pisen en el
ayre» (Pérez Pastor, *op. cit.,* pág. 271).
3136. P pone los vv. 3136-3141 en boca del príncipe. VT corrigió en la
forma en que nosotros lo ponemos. Parece más lógico introducir ya a ese
soldado que luego pedirá mercedes y será condenado a la torre. Por otra
parte, el imperativo «seguilde» de Segismundo parece ser la primera palabra
de un parlamento, no una del medio.

ASTOLFO.	¿Qué intentas?
BASILIO.	Astolfo, aparta.
CLOTALDO.	¿Qué quieres?
BASILIO.	Hacer, Clotaldo,

un remedio que me falta.   3145
Si a mí buscándome vas,
ya estoy, príncipe, a tus plantas,
sea dellas blanca alfombra
esta nieve de mis canas.
Pisa mi cerviz y huella   3150
mi corona; postra, arrastra
mi decoro y mi respeto,
toma de mi honor venganza,
sírvete de mi cautivo,
y tras prevenciones tantas,   3155
cumpla el hado su homenaje,
cumpla el cielo su palabra.

SEGISM. Corte ilustre de Polonia,
que de admiraciones tantas
sois testigos, atended,   3160
que vuestro príncipe os habla.
Lo que está determinado
del cielo, y en azul tabla
Dios con el dedo escribió,
de quien son cifras y estampas   3165
tantos papeles azules
que adornan letras doradas,
nunca engañan, nunca mienten;
porque quien miente y engaña
es quien, para usar mal dellas,   3170
las penetra y las alcanza.
Mi padre, que está presente,
por excusarse a la saña
de mi condición, me hizo
un bruto, una fiera humana;   3175
de suerte, que cuando yo
por mi nobleza gallarda,
por mi sangre generosa,
por mi condición bizarra,

hubiera nacido dócil
y humilde, sólo bastara
tal género de vivir,
tal linaje de crianza,
a hacer fieras mis costumbres:
¡qué buen modo de estorbarlas!
Si a cualquier hombre dijesen:
«Alguna fiera inhumana
te dará muerte», ¿escogiera
buen remedio en despertallas
cuando estuviesen durmiendo?
Si dijeran: «Esta espada
que traes ceñida ha de ser
quien te dé la muerte»; vana
diligencia de evitarlo
fuera entonces desnudarla
y ponérsela a los pechos.
Si dijesen: «Golfos de agua
han de ser tu sepultura
en monumentos de plata»;
mal hiciera en darse al mar,
cuando soberbio levanta
rizados montes de nieve,
de cristal crespas montañas.
Lo mismo le ha sucedido
que a quien, porque le amenaza
una fiera, la despierta;
que a quien, temiendo una espada,
la desnuda; y que a quien mueve
las ondas de una borrasca;
y cuando fuera (escuchadme)
dormida fiera mi saña,
templada espada mi furia,
mi rigor quieta bonanza,
la fortuna no se vence
con injusticia y venganza,
porque antes se incita más;
y así, quien vencer aguarda
a su fortuna, ha de ser

3180

3185

3190

3195

3200

3205

3210

3215

con prudencia y con templanza.
No antes de venir el daño   3220
se reserva ni se guarda
quien le previene; que aunque
puede humilde (cosa es clara)
reservarse dél, no es
sino después que se halla   3225
en la ocasión, porque aquésta
no hay camino de estorbarla.
Sirva de ejemplo este raro
espectáculo, esta extraña
admiración, este horror,   3230
este prodigio; pues nada
es más, que llegar a ver
con prevenciones tan varias,
rendido a mis pies a un padre,
y atropellado a un monarca.   3235
Sentencia del cielo fue;
por más que quiso estorbarla
él, no pudo; ¿y podré yo,
que soy menor en las canas,
en el valor y en la ciencia,   3240
vencerla? Señor, levanta,
dame tu mano; que ya
que el cielo te desengaña
de que has errado en el modo
de vencerle, humilde aguarda   3245

3237. Este verso contradice cuanto acaba de decir sobre cómo el hombre
puede vencer a las estrellas. Pero Segismundo asume con su auditorio lo que
ya saben de la culpa del rey. «Por más que quiso estorbarla, no pudo, porque
no empleó los medios lícitos y proporcionados.» Aquí interesa hacer ver que
el rey merecía el castigo. Pero inmediatamente se dice que Segismundo es
instrumento injusto del castigo justo. Él también es culpable por haberse levantado contra el rey. Se ha cumplido un bien (castigo del pecado de Basilio
y conversión de Segismundo) a través de un mal: prisión del príncipe y guerra.
El mal es mal, pero Dios lo permite para sacar mayores bienes. La clásica solución del problema.

	mi cuello a que tú te vengues:
	rendido estoy a tus plantas.
BASILIO.	Hijo —que tan noble acción
	otra vez en mis entrañas
	te engendra— príncipe eres.	3250
	A ti el laurel y la palma
	se te deben; tú venciste,
	corónente tus hazañas.
TODOS.	¡Viva Segismundo, viva!
SEGISM.	Pues que ya vencer aguarda	3255
	mi valor grandes vitorias,
	hoy ha de ser la más alta:
	vencerme a mí. Astolfo dé
	la mano luego a Rosaura,
	pues sabe que de su honor	3260
	es deuda, y yo he de cobrarla.
ASTOLFO.	Aunque es verdad que la debo
	obligaciones, repara
	que ella no sabe quién es;
	y es bajeza y es infamia	3265
	casarme yo con mujer...
CLOTALDO.	No prosigas, tente, aguarda;
	porque Rosaura es tan noble
	como tú, Astolfo, y mi espada
	lo defenderá en el campo;	3270
	que es mi hija, y esto basta.

3246. Segismundo sabe que levantarse contra su padre y rey legítimo merece la pena de muerte. Por eso se ofrece a recibirla. El padre le vuelve a engendrar como hijo y abdica en él la corona (v. 3251). Si Segismundo se considera merecedor de la muerte, mucho más lo será el soldado rebelde. Cfr. vv. 3228-3235.

3257. Los editores modernos suelen puntuar: «hoy ha de ser la más alta vencerme a mí». Creo que mi puntuación da mejor sentido. «La mayor y más feliz vitoria que el hombre puede alcanzar en el mundo es la de sí mismo» (C. Suárez de Figueroa, *El pasajero* [1617], ed. de M.ª Isabel López Bascuña- na, Barcelona, 1988, pág. 575). Segismundo vence su *pasión* por Rosaura para casarse con su prima, de estirpe real, coma pide la razón de Estado. Recuér- dense vv. 2134 y ss., en los que se declara su amor por Rosaura.

3271. «Paso que es mi hijo vuestro yerno» (Tirso, *El vergonzoso en palacio*, III, v. 1550.

ASTOLFO.	¿Qué dices?
CLOTALDO.	Que yo hasta verla
	casada, noble y honrada,
	no la quise descubrir.
	La historia desto es muy larga; 3275
	pero, en fin, es hija mía.
ASTOLFO.	Pues siendo así, mi palabra
	cumpliré.
SEGISM.	Pues porque Estrella
	no quede desconsolada,
	viendo que príncipe pierde 3280
	de tanto valor y fama,
	de mi propia mano yo
	con esposo he de casarla
	que en méritos y fortuna,
	si no le excede, le iguala. 3285
	Dame la mano.
ESTRELLA.	Yo gano
	en merecer dicha tanta.
SEGISM.	A Clotaldo, que leal
	sirvió a mi padre, le aguardan
	mis brazos, con las mercedes 3290
	que él pidiere que le haga.
(SOLDADO) 1.º	Si así a quien no te ha servido
	honras, a mí que fui causa
	del alboroto del reino,
	y de la torre en que estabas 3295
	te saqué, ¿qué me darás?
SEGISM.	La torre; y porque no salgas
	della nunca hasta morir,
	has de estar allí con guardas;
	que el traidor no es menester 3300
	siendo la traición pasada.
BASILIO.	Tu ingenio a todos admira.
ASTOLFO.	¡Qué condición tan mudada!

3293-3297. Se le castiga porque fue causa (*per se*) del alboroto del reino,
aunque fue ocasión (*per accidens*) de la restauración de la justicia. Perfecta lógica con vv. 3235 y 3246.

ROSAURA.	¡Qué discreto y qué prudente!
SEGISM.	¿Qué os admira?, ¿qué os espanta, 3305

ROSAURA. ¡Qué discreto y qué prudente!
SEGISM. ¿Qué os admira?, ¿qué os espanta,   3305
si fue mi maestro un sueño
y estoy temiendo en mis ansias
que he de despertar y hallarme
otra vez en mi cerrada
prisión? Y cuando no sea,   3310
el soñarlo sólo basta:
pues así llegué a saber
que toda la dicha humana
en fin pasa como sueño,
y quiero hoy aprovecharla   3315
el tiempo que me durare,
pidiendo de nuestras faltas
perdón, pues de pechos nobles
es tan propio el perdonarlas.